München
06. 06. 10

RAKE
VERLAG

für Nadja

auf dass Du beweisen mögest, dass Radio-aktivität <u>ohne</u> Fiaskos möglich ist!

Björn Pfeffermann
& Matthias Sommer

FIASKO Computer

RAKE
VERLAG

Auf Wunsch der Autoren wurde das Buch nach den Regeln der alten amtlichen Rechtschreibung korrigiert.

1. Auflage 2001

Umschlaggestaltung und Illustration von Andreas Poloczek
Umschlagfoto von Ines Matz
Druck und Bindung Koninklijke Wöhrmann, B.V., Zuthpen
Printed in the Netherlands
ISBN 3-931476-61-8

INHALT

VORWORT

Das neue Millennium hat begonnen – auch in Deutschland! Wir dürfen eine Ära erleben, die von Aufbruch und Pioniergeist geprägt ist. In Berlin herrscht eine Regierung, die es versteht, die sonst so behäbigen Germanen aus ihrem Dornröschenschlaf zu reißen, sie ökonomisch zu dopen, sie zu Triebtätern des Fortschritts zu machen. Die Arbeitslosenzahl ist bereits von 4,8 auf 4,5 Millionen abgestürzt, das Wirtschaftswachstum von 1,5% auf 1,7% hochgeschossen und eine High-Tech-Begeisterung ist losgebrochen, wie es sie in diesem Jahrtausend noch nicht gegeben hat. In Rekordzeit verwandeln wir uns von einer Industrie- in eine High-Tech-Gesellschaft. Möglich wird diese Entwicklung erst durch eine Erfindung, die unser gesamtes Leben und Arbeiten verändert hat: den Computer.

1943 schätzte der damalige *IBM*-Präsident Thomas Watson den weltweiten Bedarf an Personal-Computern auf etwa fünf Stück. Er hat bis heute Recht behalten. Mehr als fünf Personen brauchen so eine Kiste eigentlich nicht. Daran ändert auch die Tatsache nichts, daß wir alle eine haben. Die traurige Wahrheit nämlich ist: Einen Rechner hat jeder, wirklich brauchen tut ihn keiner!

Gut, wir müssen unsere Briefe heute nicht mehr von Hand schreiben. Dafür verbringen wir eine Stunde mit Tippen im Ein-Finger-Adler-Suchsystem eine weitere mit Formatieren und eine dritte mit dem Suchen des verlorenen Textes nach dem Programmabsturz. Danach geht dann alles wieder von vorne los.

Computer rauben uns aber nicht nur wertvolle Lebenszeit, sie nagen auch ganz heftig an unserem eh schon erbärmlich dünnen Sparstrumpf. Kurzlebig wie die Dinger nun mal sind und ständig nach Erweiterungen und neuer Software gierend machen sie uns ganz allmählich arm. Zugegeben: Auch die Ausgaben für Schokolade und sonstige Süßigkeiten zehren an unseren Einkünften. Aber das Naschwerk macht uns wenigstens für kurze Zeit glücklich. Vom Rechner auf unserem Schreibtisch kann man das leider nicht sagen. Im Gegenteil: Er bereitet uns in aller Regel nichts als Bauchschmerzen!

Bleibt die berechtigte Frage, warum wir dann alle einen Computer im Haus haben. Wir vermuten stark, daß dies an den raffitücken Werbefeldzügen der Elektronik- und Software-Giganten liegt. Irgendwie ist es Bill Gates und Co. gelungen, uns unumstößlich einzubläuen, wir bräuchten so ein Ding. So kommt es, daß der weltweite Bedarf an Computern noch immer bei fünf Stück liegt, der Bestand allerdings bei x Millionen. In diesem Spannungsfeld bewegt sich der Inhalt dieses Buches. Viel Spaß beim Lesen!

DIE VORGESCHICHTE

Betrachten wir zunächst einen besonderen Typus Mensch: den sogenannten «Computerlosen». Was charakterisiert den Computerlosen? Auf den ersten Blick ist er recht unauffällig, auf den zweiten auch: Jünger als Ernst Jünger, aber älter als jeder Viva-Moderator; fülliger als Kate Moss, aber schlanker als Ottfried Fischer; wohlhabender als Penner Kurt, aber nicht so stinkreich wie Bill Gates; größer als Oskar Mazerath, aber nicht ganz so hoch aufgeschossen wie Dennis Rodman. Der Computerlose hat nur eine erwähnenswerte Besonderheit: nämlich keinen Computer. Den Grund dafür muß man in einer gewissen Bequemlichkeit suchen, die ihm eigen ist. Mit Neuerungen tut sich der Computerlose schwer, und alles Technische erscheint ihm von vorne herein suspekt. An sich eine gesunde Haltung. Schon mancher ist damit uralt geworden. Auch der Computerlose könnte mit ihr prima leben – wäre da nicht der Rest der Welt …

Im Tal der Ahnungslosen lebt sich's glücklich

Der Computerlose ahnt nicht einmal, daß ihm etwas fehlen könnte. Er ist glücklich in seiner dumpfen Gleichgültigkeit gegenüber jeder technischen Lebenshilfe. Seit Jahrzehnten schreibt er Notizen, malt er Bilder, legt er Patiencen mit eigener Hand. Beim Imaginieren bedient er sich sogar seiner eigenen Vorstellungsbilder. Nicht selten holt er sich davon Denkblasen. «Erbärmlich!» urteilt der Technik-Gläubige. Ihm erscheint der Geisteszustand eines Computerlosen nur vergleichbar mit dem eines Ureinwohners, der penetrant frohgemut durch seinen Dschungel läuft, weil ihm noch niemand von den Annehmlichkeiten des Autofahrens erzählt hat.

Das gesamte Umfeld des Computerlosen hat bereits eine Symbiose mit der Technik-Welt geschlossen, nur er wabert noch als Einzeller, als Fossil des Industriezeitalters durch die Informationsgesellschaft. Doch der Druck auf ihn wächst. Auch wenn er den Kopf in den Quartzsand steckt, irgendein Medium dringt zu ihm vor und streut die Gedankensaat in sein Hirn: «Ohne Computer bist du out, ein soziales Nichts, eine lächerliche Randfigur». Anfangs wagt er noch zu fragen: «Wozu brauche ich einen Computer?» Doch darauf erntet er nur schallendes Gelächter. Und dann regnen Gegenfragen auf ihn ein: «Brauchst Du einen 16:9-Fernseher? Oder Markensandalen? Oder eine Limousine der gehobenen Mittelklasse? Es geht nicht um *brauchen*, sondern um *zeigen*, nicht um *Nutzen* sondern um *Prestige*!»

Da verstummt der Computerlose. Ein Gefühl der Ausgrenzung befällt ihn wie einen vorpubertären Bravo-Leser auf der Dr.-Sommer-Seite. Und langsam, ganz langsam bröckelt sein Widerstand.

Die Selbsterkenntnis: Ich bin doch ein PUPS

Triste Herbstabende sind es meist, die dem Computerlosen das Fatale seiner Situation endgültig vor Augen führen. In düstere Gedanken versunken sitzt er auf dem Sofa und glotzt in den Raum. Nichts unterhält ihn, nichts lenkt ihn ab. Durchs Fenster sickert ein kläglicher Lichtrest herein, gerade so hell, daß die leere Schreibtischplatte fürs Auge erkennbar bleibt: eine wüste Ebene, die jeder Daseinsberechtigung entbehrt, solange auf ihr kein Bildschirm und unter ihr kein Drucker steht, ein Holzbrett, in seiner sinnentleerten Existenz, in seiner plumpen Materialität ebenso aufdringlich wie ein unbeschriebenes Blatt Papier.

Leise knackt der Heizkörper und mit jedem Knacken blitzen im Hirn des Grüblers neue böse Gedanken auf: Alle seine

Freunde sind fest liiert, nur er hat niemanden. Alle führen glückliche Partnerschaften mit Acer, Toshiba, Kyocera, Sony und wie ihre elektronischen Freundinnen alle heißen. Tag und Nacht verbringen sie an deren Seite und merken nicht mehr, wie der Strom der Zeit an ihnen vorbeifließt, während sie hypnotisiert in das flimmernde Antlitz ihrer Geliebten starren.

Kaum daß sie noch eine Minute für ihren alten Freund übrig haben, jenen technischen Neandertaler, der dem rasenden Zeitgeist so hoffnungslos hinterherkriecht. Und wenn er an einem tristen Novemberabend versucht, den einen oder anderen anzurufen, tutet ihm nur ein frustrierendes Belegt-Zeichen ins Ohr. Unmißverständlich signalisiert es ihm, daß seine Kumpel längst anderweitig verabredet sind. Gemeinsam mit ihren Platinen-Partnerinnen bummeln sie durch die verwinkelten Gassen des Internet und treffen sich mit anderen Pärchen in Erotik-Chatrooms, Wetter-Diskussionsforen oder Beratungszentren für Cyber-Junkies. Klar, daß da kein Raum bleibt für einen faden Schwatz mit einem Langzeit-Computerlosen.

Und endlich dämmert dem Armen, was ihm fehlt. Seine ziellosen Grübeleien verdichten sich auf einen Gedanken: «Ich brauche auch so ein Gerät, so ein Computerdings mit allen Schikanen». Und siehe da: Schwuppdiwupp ist aus dem Computerlosen ein PUPS geworden, ein Pontentieller User/Potentieller Surfer.

Irgendwas muß schließlich dran sein an diesen Mensch-Maschine-Verbindungen, denkt er sich. Zwar fällt auch ihm auf: Etlichen, die in voller Blüte standen, scheint dieser Technikzauber gar nicht gut zu tun. Sie ziehen sich aus dem Leben zurück. Auf der Straße trifft man sie nicht mehr und wenn man sie zuhause aufsucht, erschrickt man: blaß stehen sie da, ausgemergelt und mit dunkel umrandeten Augenhöhlen – ein Schatten ihrer selbst. Auch sind sie kaum ansprechbar und faseln wirres Zeug von Schutzverletzung in Modul KLR 26.003 oder von Netzüberlastung und so.

Schon wahr. Und doch muß es etwas Großes sein, das sie so fasziniert, dünkt den Computerlosen. Etwas Erhabenes muß sie so fesseln, daß sie – allesamt mündige, erwachsene Menschen – sich die Nächte um die Ohren schlagen, um nur ja keine Sekunde aus dem digitalen Epizentrum ihres Lebens heraustreten zu müssen. Der Computerlose will endlich teilhaben an dieser Erhabenheit, will eintreten in der Kreis der Erleuchteten.

Das Angebot erschlägt den PUPS

Gleich am nächsten Morgen stapft der PUPS fröstelnd und mit hochgeklapptem Kragen durch die klamme Novembermorgenluft zum Kiosk und verlangt mit hochrotem Kopf einen Stapel einschlägiger Magazine. In seine Wohnung zurückgekehrt, arbeitet er systematisch den Anzeigenteil durch und verschafft sich einen ersten Eindruck vom Angebot.

In riesigen Anzeigen werden sie angepriesen, die Wundermaschinen. Die Hochglanzbilder strahlen eine ungeheure Anziehungskraft, ja Erotik aus. Sie packt den PUPS sofort: Schlanke Minitower für Einsteiger, Üppige Big Tower für reife User, Notebooks für smarte Jungprofessionelle, Handheld-Computer für Weicheier. Für jeden Geschmack und jede Konstitution ist etwas dabei – eine Formenvielfalt, die alle Vorstellungen übertrifft. Nur die Farbpalette beschränkt sich auf ein dezentes Zahnbelaggelb bei den stationären und ein nicht minder zurückhaltendes Aschgrau bei den mobilen Geräten. «Erstaunlich!» denkt sich der PUPS.

Der Text in den Anzeigen ist, im Gegensatz zu den Bildern, kaum zu verstehen. Da ist die Rede von «Pentium III 1 Ghz, 192 MB Ram, 30 GB HDD, 44fach CD-Rom». Dieser

Kürzelsalat sagt dem PUPS natürlich rein gar nichts. In seinen Augen handelt es sich um einen hermetischen Code, der Neulinge, Nichteingeweihte, also Menschen wie ihn ausschließen soll. Es führt daher kein Weg am Fachhandel vorbei, der PUPS muß sich beraten lassen.

DER COMPUTERKAUF

In der kurzen Phase zwischen Besitzwunsch und Kauf eines Computers erfolgt die grundlegende Weichenstellung. Hier entscheidet sich die Frage: Gerät der PUPS wirklich auf die schiefe Bahn und beginnt eine Karriere als Computerbenutzer oder fängt er sich noch einmal. Allzuoft entscheidet er sich für die erste Variante und damit ist sein Weg bereits vorgezeichnet: ein Holzweg. Eigentlich sollte den PUPS schon die Fahrt zum Elektronikmarkt aufrütteln, doch blind schlittert er mitten hinein ins Verderben.

Schon die Fahrt zum Elektronikmarkt ist ein böses Omen

In aller Früh schnürt der PUPS sein Päckchen und macht sich auf in die Peripherie der Stadt, wo die großen Verbrauchermärkte aus dem Boden wachsen. Als er aus dem U-Bahnschacht auftaucht, nieselt es, wie es sich für einen Novembermorgen gehört. Der PUPS läßt seinen Automatikschirm mit dem pinken «Sauwetter»-Schriftzug aufploppen und stellt sich an die Bushaltestelle. Ein Sportcoupé prescht dicht am Bordstein durch eine Pfütze und besprenkelt seine beige Hose mit einem kunstvollen Straßendreck-Paisley. In solchen Momenten erinnert sich der PUPS an das Satirebuch «101 Gründe, kein Auto zu fahren» und lächelt milde, weil er weiß, daß Sportcoupéfahrer keinen mehr hochkriegen. Trotz dieses wärmenden Gedankens friert er. Die feuchte Novemberkälte kriecht bis ins Mark. Nach 20 Minuten quälender Warterei schlängelt sich endlich ein Gelenkbus um die Ecke. Die hydraulische Türe speit einige mißgelaunte Fahrgäste aus und schluckt den PUPS. Innen ist es wie in einem Darm: eng, feucht-heiß und muffig. Der PUPS stellt sich auf den Drehteller in der Mitte, läßt sich drehen, wenn der Bus um die Kurven fährt und beobachtet versonnen die perestaltischen Bewegungen des Balgs zwischen den beiden Karosseriehälften.

Doch plötzlich schreckt ihn etwas hoch: die Lautsprecherstimme – irgendetwas ist anders an ihr. Ja genau: Die Stationen werden nicht vom Fahrer ausgerufen, sondern von einer weiblichen Computerstimme. Erstaunlich! Bis hierher, in die Innerein der städtischen Verkehrsbetriebe hat sich die digitale Technik also schon ausgebreitet. Eine tolle Innovation, die endlich Schluß macht mit der nuschelnden, vom Lokalkolorit verunreinigten Aussprache vieler Chauffeure. Alle Stationen werden in der richtigen Reihenfolge und in perfektem Hochdeutsch angekündigt, inklusive aller Anschlüsse und Umsteigemöglichkeiten. Der PUPS ist begeistert. Wie oft ist er schon zu spät ausgestiegen, weil der Fahrer keine Lust hatte, seine Stimmbänder zu bemühen und der Blick durch die Scheiben vom kondensierten Schweiß gehetzter Berufspendler vernebelt war. Allerdings muß er sich eingestehen, daß die digitale Dame etwas dosig klingt. Kein Wunder, erklärt sich der PUPS, sie kommt ja aus der Konserve. Auch ihre abgehackte Sprechweise, die zu keinerlei Intonation fähig ist, erscheint ihm als unvermeidliches Zugeständnis an die Vorzüge des elektronischen Systems.

Während der PUPS noch über die heilbringende Wirkung der Informationstechnologie räsoniert, ist der Bus schon an der Haltestelle «Tip-Top-Straße» angelangt. Der PUPS steigt aus und … steht mitten in der Pampa. Von Elektronikmarkt weit und breit keine Spur. Wie ist das möglich?

Ganz einfach: Der Busfahrer ließ unbemerkt zwei Haltestellen aus, weil weder Fahrgäste ein- noch aussteigen wollten. Die weibliche Computerstimme hing daraufhin mit ihren Ansagen zurück und kündigte statt der aktuellen immer die vorletzte Station an. So kommt es, daß der PUPS einen guten Kilometer zurücklaufen muß.

Im Elektronikmarkt fühlt sich der PUPS wie ein Neandertaler

Der Elektronikmarkt thront auf einer leichten Anhöhe und beherrscht das Umland wie einst die Akropolis. Ein erhabener Eindruck. Auf dem Dach des prächtigen, mit hellgrauem Profilblech verkleideten Baus dreht sich ein riesiges petrolfarbenes Tip-Top-Logo.

Die Macht dieses Technik-Giganten ist unübersehbar. Keines der winzigen Elektrolädchen in der Altstadt, keines der schmuddeligen Hifi-Geschäfte am Bahnhof erreicht auch nur einen Bruchteil seiner magnetischen Anziehungskraft. In Pilgerscharen kommen die Technikgläubigen an den Stadtrand geströmt, per Auto, Bus oder Bike, um sich ihre Einspeisung abzuholen und ihre konfessionelle Zugehörigkeit zur High-Tech-Glaubensgemeinschaft zu bekräftigen.

Heute ist der PUPS endlich einer von ihnen. Mit pochendem Herzen tritt er durch die Eingangstür, die sich automatisch vor ihm öffnet. Er ist geblendet. Gleißendes Halogenlicht läßt den Technik-Tempel bis in seinen letzten Winkel erstrahlen. Glänzende Materialien, wo man hinsieht: Polierte Steinplatten, Keramik, Aluminium. Ein gläserner Lift verbindet die Ebenen. In jedem Stockwerk läuft ringsherum eine stählerne Balustrade, von der man in die Eingangshalle hinabblicken kann. Und über allem wölbt sich ein riesiges Glasdach, das ein ganzes Watt-Meer an Tageslicht hereinfallen läßt.

Ganz ähnlich wie der PUPS im Elektronikmarkt muß sich vor 600 Jahren ein Bauer gefühlt haben, wenn er zum ersten mal in die Stadt fuhr und eine gotische Kathedrale betrat. Heute hat sich die Situation zwar umgekehrt: Der Städter fährt hinaus auf die grüne Wiese, wo die Konsumgesellschaft ihre Tempel errichtet hat. Doch die Wirkung ist ähnlich.

Der PUPS läßt sich mit dem Glaslift ins dritte Stockwerk katapultieren, wo sich laut Lageplan die Computerabteilung befindet. Ein wenig mulmig ist ihm zumute. Seine Knie fühlen sich an wie aus Schaumstoff. Die Aufzugtür öffnet sich und der PUPS steht mit offenem Mund vor nicht enden wollenden Regalreihen mit Computern, Computerteilen, Computersoftware, Computerliteratur und technischem Kleinkram. Überall sind Leute und probieren herum oder unterhalten sich fachkundig. Dazu surrt und piepst es in einem fort. Vorsichtig, gleichsam mit den Füßen tastend, wagt sich der PUPS hinein in dieses fremdartige Reich.

Wie soll er sich hier nur jemals zurechtfinden? Er wünscht sich sehnlich einen ortskundigen Führer an seiner Seite, der ihm helfen könnte, zu sehen und zu suchen, zu tasten und zu testen, zu selektieren und zu sortieren. Aber es ist niemand in Sicht, der für diese Aufgabe geeignet erschiene … In der Ferne kann der PUPS Umrisse von Menschen erkennen, die Kittel im typischen Tip-Top-Petrol tragen und an deren Brust etwas geheftet ist, das ein Namenssticker sein könnte. Im Vergleich zur Gesamtmenge der Personen in dieser Halle, sind es zwar verschwindend wenige – aber immerhin, es gibt sie. Doch sobald der PUPS mit hilfesuchendem Blick auf diese Lichtgestalten zuwankt, drehen sie plötzlich ab, ändern die

Gehrichtung, verschwinden hinter Regalen, reden auf andere Kunden ein – sind mit einem Wort wahnsinnig «busy». Es ist zum verzweifeln. Auch Rufen hilft nicht. Die Tip-Top-Angestellten sind wie Phantome: Sie lösen sich auf, wenn man ihnen zu nahe kommt.

Bittere Tränen kullern über die Wangen des PUPS. Verzweifelt dreht er am Lenkrad einer Spielkonsole, auf der gerade «Ralley Paris-Dakar 2001» läuft. Prompt kommt der Wagen – ein Toyota Celika – von der Piste ab und kollidiert mit einem Dromedar, woraufhin die arabischen Kameltreiber sofort Lynchjustiz am Fahrer verüben. Die Grafik ist verblüffend naturalistisch. Makaber kullert der Pilotenkopf über die staubige Piste. Die Stimmungslage des PUPS wird dadurch nicht gerade verbessert. Er muß einen dieser Berater erwischen, sonst ist es um ihn geschehen.

Computerverkäufer sind irgendwie falsch programmiert

Stunde um Stunde verstreicht in den heiligen Hallen des Elektronikmarktes, bis es dem PUPS endlich gelingt, die Aufmerksamkeit eines Verkäufers zu erhaschen – mittels Handstand und gleichzeitigem lautem Jodeln. Kaum geschehen, kippt die Situation schlagartig um. Computerverkäufer gleichen nämlich Kampfhunden: Haben sie einmal Witterung aufgenommen, greifen sie völlig unvermittelt an und beißen sich fest. Auch *Ihre* Waffe ist ein messerscharfes Mundwerk. Doch keine Zähne bohren sich in das zarte Frischfleisch des Kunden, sondern unverständliche Fachbegriffe und abschätzige Bemerkungen, die den PUPS spüren lassen, was für ein Greenhorn er ist und welchem Elektronik-Gott er gegenübersteht. Das Ganze nennt sich Beratungsgespräch:

VERKÄUFER: Guten Tag, kann ich Ihnen irgendwie helfen, Sie sehen so … so suchend aus.

PUPS: Ja, ääh, also ich will mir vielleicht einen Computer kaufen.

VERKÄUFER: Einen Computer *(gluckst)* Aha …

PUPS: *(irritiert)* Bin ich da falsch bei Ihnen?

VERKÄUFER: Nein, da sind Sie bei mir goldrichtig! Aber «Computer» ist ein weiter Begriff. Alles was hier rings um Sie steht, sind Computer!

PUPS: Ach so …

VERKÄUFER: … Sie dachten, das wären Toaster mit Bildschirm, ha ha. Nein, im Ernst: Können Sie etwas genauer beschreiben, was Sie suchen?

PUPS: Na ja, also ich suche so ein Gerät, ungefähr so hoch, was man sich auf den Schreibtisch stellen kann und…

VERKÄUFER: *(gluckst noch mehr)* Nein, also so kommen wir nicht weiter. Sie müssen mir schon sagen, wofür Sie das gute Stück einsetzen wollen.

PUPS: Puh, keine Ahnung, ich hatte ja noch nie eines … für alles so ein bißchen, würde ich sagen.

VERKÄUFER: «Für alles so ein bißchen», damit kann ich nichts anfangen. Mal so gefrag: Würden Sie sich mehr als Fun-User bezeichnen oder brauchen Sie das Gerät für den Advanced-Business-Bereich?

PUPS: Hä?

VERKÄUFER: Na ja, wollen Sie mehr den Home-Entertainment-Fun-Faktor haben oder eher semiprofessionelle Grafik und Office-Lösungen mit Plug-in-Option?

PUPS: Hm, was ist da jetzt nochmal genau der Unterschied?

VERKÄUFER: Na ja, für den Game-Sektor brauchen sie mehr Game-Power und für den Anwendungsbereich mehr Office-Performance.

PUPS: Ach so.

VERKÄUFER: Ja, da gibt es für alles ganz maßgeschneiderte Lösungen, z.B. unsere MMM – Multi-Media-Machine von Hontoyatsu mit Fast Power 5D-Grafikkarte, ultra MTA-CDU little gap high-Speed OTTO-RAM und TBC-Schnittstelle für das heißeste Home-Entertainment aller Zeiten.

PUPS: Klingt nicht schlecht.

VERKÄUFER: Oder Sie nehmen das Mega-Run-Office-Kraftwerk von Subbadubba technologies mit ultra flat Greyhound Overland-Bus, HSV-Motherboard, LEGO-RAM und Anti-Crunch-Chip für grenzenlose Büro-Power.

PUPS: Auch nicht übel. Aber was da jetzt für mich besser ist … keine Ahnung!

VERKÄUFER: Hm, dann beschreiben Sie doch mal, was Sie mit dem Gerät so machen wollen.

PUPS: Also, normalerweise bräuchte ich den Computer vor allem, um Texte einzugeben und dann auszudrucken. Manchmal möchte ich vielleicht auch so ein kleines Bildchen ein fügen, für Grußkarten und so, wissen Sie. Photos vom Urlaub einkennen oder wie das heißt, wär' auch nicht schlecht, und dann möchte ich gerne noch ins Internet rein, ab und zu.

VERKÄUFER: Aha. Also, wie Sie das jetzt beschreiben, habe ich den Eindruck, sie brauchen den Computer für alles so ein bißchen.

PUPS: Ja, genau.

VERKÄUFER: Warum haben Sie das nicht gleich gesagt? Da kann ich Ihnen leider nicht weiterhelfen. Für Allround-Geräte ist mein Kollege zuständig.

Oh, wie schnell verirrt man sich im Kürzelwald!

Was ist Ihnen im letzten Kapitel aufgefallen, verehrter Leser? Genau: Der Verkäufer verwendete Kürzel und Produktbezeichnungen, die es gar nicht gibt. Durch sein pseudokompetentes Geschwalle wollte er nur kaschieren, daß er genauso ahnungslos ist wie der PUPS.

Aber wenn Sie das bemerkt haben, sind Sie bereits Insider und brauchen die Beratung eines abgebrochenen E-Technik-Studenten ohnehin nicht. Der durchschnittliche Kunde bemerkt hingegen nichts von dem Schwindel und genau darauf setzen diese Be-unrater.

Im Grunde ist es auch egal, was der Typ im Kittel brabbelt. Denn diese Kürzel und Zungenbrecher wurden eh nur erfunden, um den PUPS zu blenden und ihm vorzugaukeln, er würde mit seinem Computer eine Greencard für Utopia erwerben und den Rest seines Lebens im Raumschiff Entenscheiß verbringen.

Oder glauben Sie vielleicht «SD-RAM» sagt mehr aus als «OTTO-RAM» oder «USB-Schnittstelle» ist sinnvoller als «TBC-Schnittstelle»?

Alles Quark! Diese Abkürzungen sind reines Blendwerk. Entweder haben sie überhaupt keinen Sinn oder sie bezeichnen Banalitäten. Nehmen wir ein Beispiel: Viele Monitore werden mit dem Attribut S-VGA angepriesen. Scheinbar weist dies auf besondere Qualität hin. «S» steht natürlich für «Super». In Wirklichkeit ist aber nichts dahinter. VGA ist ein

Standard, der im Pleistozän der Computerära entwickelt wurde. Er besagt nichts anderes, als daß der Monitor 16 Farben bei 640 x 480 Bildpunkten darstellen kann. Toll, das bringt heute jedes Taschenrechnerdisplay. Und S-VGA ist einfach die Bezeichung für alles darüber. Somit ist heute jeder Monitor S-VGA. Aber so ein Kürzel klingt natürlich geheimnisvoll, so wie FBI oder FKK oder TKKG und macht wesentlich mehr her als die Beschreibung «Ein Bildschirm, der wo mehr wie 16 Farben machen kann».

Bei Waschmitteln ist es doch das gleiche: Ständig muß sich die Industrie irgendwelche Scheininnovationen aus dem Hirn leiern, damit der Kunde motiviert wird, immer wieder ein neues Produkt zu kaufen: OECD-System, Farbschutz-Formel, High-Tech-Tabs usw.

Genauso muß die Computerhardware-Industrie mit der Erfindung toller Bezeichnungen dafür sorgen, daß sich die Leute jedes Jahr einen neuen Rechner ins Haus stellen, obwohl sie damit doch nur grottenhäßliche Grußkarten «gestalten» oder Aufkleber für Marmeladengläschen beschriften.

Vielleicht sollte man dieses Innovations-Konzept lieber auf andere Lebensbereiche übertragen. Manche Ehe könnte gerettet werden, wenn sich die Partner jeden Monat neue Namen und Berufe ausdenken würden. Dann könnten sie sich einander immer wieder runderneuert präsentieren – obwohl im Inneren natürlich noch die gleichen alten Lumpen stecken würden.

Computer gibt es nur im Bündel

Zurück im Tip-Top-Markt: Nachdem der PUPS die Handstand-Jodel-Kampagne wiederholt hat *(Computerverkäufer sind irgendwie falsch programmiert)*, steht ihm der nette Kollege, der für Allround-Geräte zuständig ist, zur Verfügung. Doch auch dieser frönt unverholen seiner Chip-Chip-Hurra-Ideologie und textet den PUPS mit allerlei unverständlichen Begriffen und Abkürzungen zu. Er stellt das allround-private-user-bundle von Nagayato und das buy-one-machine-get-three-computers-package von Doll.dot vor. Hernach ist der arme Elektronikfrischling verwirrter als jemals zuvor und so weichgekocht, daß er sich vom Tip-Top-Berater alles aufschwatzen lassen würde. Fazit: Computerfachverkäufer sind ähnlich hilfreich wie Schülerlotsen, die Kindern die Augen verbinden, sie zwanzig mal im Kreis drehen und anschließend auf die Straße schubsen.

Ein wesentliches Element dieser gezielten Desorientierung ist, daß Neugeräte fast ausschließlich im Bündel (englisch: bundle) angeboten werden. Für preisbrünstige 1999 Mark bekommt der PUPS entweder einen *Maxdata* Midi-Tower mit Pentium III Prozessor 800 Mhz, 128 MB SDRAM, 48-fach CD-Rom, 30 GB HDD und 32 MB Grafikkarte oder einen *Highscreen* Midi-Tower mit AMD Athlon Prozessor 900 Mhz, 64 MB SD-RAM, 12/40-fach DVD-Laufwerk, 20 MB HDD und 32-MB Grafikkarte oder einen *Fujitsu-Siemens* Mini-Tower mit Intel Celeron Prozessor 600 Mhz, 64 MB SD-RAM, 6/8/40-CDRW, 20 GB HDD, TV/Radiokarte und 17-Zoll-Monitor.

Wie soll man da vergleichen – zumal als Laie? Der Kunde hat keinen blassen Dunst, was in so einem Paket eigentlich drin steckt. Er kauft die Katze im Sack, und zwar eine Katze für 2000 Mäuse.

Angenommen, Sie gönnen sich so ein Komplettpaket und bekommen folgende Software mitgeliefert: *Exell, Autoroute* und *Paint Shop Pro.* Super, alles inklusive! Dummerweise haben Sie aber gar keinen Führerschein, mit Tabellenkalkulation können Sie nichts anfangen und ein Bitmapgrafik-Programm brauchen Sie nicht, weil Sie sich gerade für ein Heidengeld *Photoshop* gekauft haben.

Erst später wird er von wohlmeinenden Ratgebern – sprich unerträglichen Klugscheißern – hören, daß das Gerät des jeweils andere Herstellers viel besser für seine Bedürfnisse gewesen wäre. Hat er einen Rechner der Marke *Apple* erworben, wird ihn das PC-Lager mit seiner Ideologie infiltrieren wollen. Die DOS-Jünger werden behaupten, daß es doch für einen Personal-Computer viel mehr Programme gegeben hätte und daß der PUPS aufgrund des Baukastenprinzips viel mehr Möglichkeiten der individuellen Konfiguration gehabt hätte und daß der PC viel billiger gewesen wäre als der überteuerte Apfel-Zusammenzähler.

Hat der PUPS dagegen einen PC erworben, werden alle Mac-User aus seinem Bekanntekreis auf die Benutzerfreundlichkeit ihrer Maschinchen hinweisen und auf das bessere Design und darauf, daß sie im Professional-Bereich immer noch führend sind.

Fest steht: Für solche Überlegungen ist es jetzt zu spät. Die Kiste ist ersten gekauft und kann zweitens sowieso nur zwischen 0 und 1 unterscheiden, ob Mac oder PC.

Die Gewissensfrage: Sind Computer zu billig?

Schon kurz nachdem der PUPS den Computerladen mit einem großen Karton verlassen hat, meldet sich sein Gewissen: Er hat soeben ein Gerät erworben, das angeblich komplizierteste Rechenaufgaben lösen, Texte setzen, übersetzen und korrigieren, Tabellen kalkulieren, Photos bearbeiten, Datenbanken anlegen, Pläne zeichnen, Fahrtrouten planen, Lohnsteuerfragebögen ausfüllen, Etiketten beschriften, Serienbriefe schreiben, Videos schneiden, Musikstücke zusammenbasteln und abspielen, Websites durchbrowsen, Fernsehen und Radio empfangen, CDs lesen, CDs brennen, Pornobildchen zeigen, laut surren, faxen, e-mailen, telefonieren und lustige Töne von sich geben kann – für schlappe 1999 Mark. Wie ist das möglich? Kostet doch schon ein

Saxophon, das nur lustige Töne von sich geben kann, doppelt so viel! Da kann doch irgendwas nicht stimmen. Leistet der Computer gar nicht so viel wie behauptet wird oder sollten bei seiner Herstellung etwa arme, malayische Kinder ihre Finger im Spiel gehabt haben?

Die Antwort: Computer leisten gar nicht so viel wie behauptet *und* der malayische Nachwuchs hatte seine Finger im Spiel, als der Computer zusammengefrickelt wurde. Das liegt doch auf der Kinderhand.

Die Halbwertszeit von Computern gleicht der von Bierschaum

Sie wollen sich eine Jeans kaufen? Herzlichen Glückwunsch, das ist eine gute Entscheidung! Der klassische Schnitt dieser Hosen hat sich seit 130 Jahren nicht verändert und ist immer noch genauso modisch wie zu Levi Strauss' Zeiten. Sie werden viel Freude an dem guten Stück haben. Jahr um Jahr können Sie es tragen, ohne daß es an Wert verliert. Im Gegenteil: Mit jeder Saison gewinnt es an Patina und individuellem Charme. Und wenn Sie irgendwann rausgewachsen sind – z. B. im Taillenbereich – dann können sie das gereifte Beinkleid womöglich teurer an irgend einen spinnerten Liebhaber verkaufen, als Sie es ursprünglich erstanden haben. Eine Jeans ist eine Anschaffung für's Leben.

Ganz anders die Situation bei Computern. Deren Halbwertzeit gleicht ungefähr der von Bierschaum. Schon während Sie das frisch erworbene Gerät nach Hause schleppen, rinnt ihm dessen Wert bereits durch die Finger. Wenn Sie im trauten Heim angekommen sind, fehlt bereits ein Hunni, und so geht es munter weiter: Nach einem Vierteljahr ist das neueste Elektronen-Superhirn Schnee von gestern, nach einem halben Jahr ist es völlig veraltet und nach einem

Jahr schlichtweg Schrott. Da kann zehnmal «zukunftssicher» und «Erweiterungsoption» auf dem Karton stehen. Klar: Sie können den Hauptprozessor gegen einen schnelleren der gleichen Baureihe austauschen. Dann dauert das Hochladen Ihres Rechners statt drei Minuten nur noch zweivierzig. Sobald aber die neue Chip-Serie auf den Markt kommt, ist mindestens ein neues Motherboard fällig, und das paßt garantiert nicht in das alte Gehäuse. Die Hardware-Industrie verwendet nämlich einen Großteil ihrer Entwicklungsarbeit darauf, neue Bauteile möglichst inkompatibel zu alten zu gestalten. Das ist die einzige Eigenschaft von Computerkomponenten, auf die man sich voll und ganz verlassen kann. Deshalb ist es völliger Humbug, tausende von Mark in das jeweilige Spitzenmodell eines Herstellers zu investieren, denn in zwei Monaten schmeißt man Ihnen das Teil hinterher.

Kaufen Sie lieber das billigste Modell im Gegenwert einer Jeans. Oder noch besser: Kaufen Sie gleich die Jeans!

DIE INSTALLATION DES COMPUTERS

So, in der Wohnung wäre er, der elektronische Liebling. Was fehlt dem PUPS jetzt noch für den Schritt vom Potentiellen User/Potentiellen Surfer hin zum Parade-User/Parade-Surfer? Na ja, eigentlich muß der Rechner nur noch ausgepackt und aufgestellt werden. Dann noch schnell den Stecker in die Dose und ab geht's, mitten hinein ins digitale Fantasia! Das heißt: Was soll diese komische Meldung auf dem Schirm? «Maustreiber nicht gefunden – bitte klicken Sie auf OK!» Sieht irgendwie verdammt nach ernstzunehmenden Problemen aus …

Inbetriebnahme I: Unplugged geht gar nichts

Seinen gigantischen Karton mit Röhren und Platinen auf den Schultern schleppt sich der PUPS vom Taxi zur Wohnung hinauf. Aber verdammt, so ein Computer mit Monitor, der wiegt! Schon im zweiten Stock kann der PUPS nicht mehr. Er muß absetzen. «Was für eine Schnapsidee!» verflucht er zum x-ten Mal seine Entscheidung, in das oberste Geschoß eines fünfstöckigen, aufzuglosen Altbaus zu ziehen. Doch was hilft's, er muß weiter.

Im vierten Stock muß der PUPS seine Kiste schon wieder abstellen. Diesmal flucht er nicht. Im Gegenteil: Er freut sich, im fünften Stock eines aufzuglosen Altbauhauses zu wohnen. In ein paar Stunden ist er ja im Internet, hat ihm der Händler versprochen. Und wenn er da erst mal drin ist, dann ist er diese Treppe die längste Zeit gestiegen! Dann macht er Online-Shopping, jawohl! Dann geht er nie mehr aus dem Haus, jawohl! Dann müssen die Typen vom Kurierdienst zu ihm hoch, jawohl!

In diesem guten Gefühl sich aalend, wuchtet sich der PUPS den Karton noch einmal aufs Kreuz und schleppt sich und seine Last die letzte Treppe hinauf. Im Halbdunkel des Hausaufganges erkennt er im letzten Moment den gigantischen Kringel, den Nachbars Pinscher keinen Meter vor seiner Tür liegenlassen hat, macht einen großen Schritt darüber und schließt endlich die Wohnungstür auf. Kaum ist die Tür im Schloß, der Riegel umgedreht und das Sicherheitskettchen eingehängt, stürzt sich der PUPS auf seine kartonene Wunderkiste, reißt ihr mit gierig blitzenden Augen den Klebestreifen vom Mund und gräbt sich wie ein Dackel am Maulwurfsloch in die Tiefe des Kartons. Die Styropor-Streusel spritzen nur so nach hinten weg. Bald ist der Monitor freigelegt, der Tower vom Verpackungsmaterial gereinigt. «Jetzt nur noch die Stecker rein und los geht's», jubelt der PUPS. Vor Freude dreht er eine Pirouette.

Leider: Die Landung ist ziemlich unsanft, der Jubel nur von kurzer Dauer. So einfach ist das gar nicht mit den vielen Steckern und Buchsen, stellt der PUPS bald fest. Das eine der beiden Kabel, die dem Monitor entspringen, paßt partout nicht in die Steckdose. Und dieser Schlitz auf der Vorderseite des Computers, direkt unter der Schublade mit dem spritzigen Namen «CD-ROM 48x», der ist viel zu schmal für die Kabelenden der Miniboxen! Wirklich, paßt einfach nicht. Da kann der PUPS noch so lange auf die Elektro-Stöpsel beißen, damit sie flach werden!

Wenigstens findet der PUPS eine kleine Bedienungsanleitung im Karton. «Da wird ja wohl drinne stehen, wie's geht!», denkt er bei sich und blättert nervös die Seiten durch. Endlich findet er, was er sucht – das heißt, er findet eine Menge Informationen über die verschiedenen Arten von Anschlüssen, die sein Computer hat. Da ist von 5-poligen DIN- und 6poligen PS/2-Buchsen die Rede und von einem Kaltgerätestecker, normgerecht. Da gibt es parallele Schnittstellen und serielle, und die einen heißen LPT und die anderen COM. Die einen haben eine Subminiatur D-Buchse (25polig), die anderen einen Subminiatur D-Stecker (9polig). Und eine Klinken-Buchse gibt es genauso wie einen USB-Anschluß. «Klingt gut», sagt sich der PUPS. Wenn er jetzt noch erführe, welcher Stecker in welche Buchse gehört, wäre er richtig happy. Aber da kann er lange blättern, so was zeigen einem die Prospekte nicht. Selber ausprobieren ist die Devise. Immerhin: Der Hersteller wünscht ihm dabei «Viel Spaß und Freude im Umgang Ihrem Gerät.»

INBETRIEBNAHME II:
DIE SACHGERECHTE LAGERUNG

Nach langem Trial and Error hat der PUPS die richtigen Stecker in die richtigen Dosen gesteckt. Das heißt: Rein mechanisch passen beide Teile jetzt einigermaßen zusammen. Nun will er seine Maschine starten. Doch wo ist der Knopf? Ein Blick ins Handbuch – einer zuviel. Der PUPS bleibt auf der Seite mit den Aufstellhinweisen hängen. Liebes Lottchen, die hätte er mal vorher lesen sollen. So einen Computer, den kann man ja nicht einfach irgendwie so auf den Schreibtisch stellen. Nein, da könnte er ja «Vibrationen und Stößen» ausgesetzt sein. Huch! Außerdem fällt durch das große Fenster hinter dem Schreibtisch direktes Sonnenlicht ein. Und die Heizung unter dem Schreibtisch könnte der Maschine durch «übermäßige Temperatureinwirkung» schaden. Das darf nicht sein! «Also runter damit!», rafft sich der PUPS auf, stöpselt alle Stecker wieder aus und wuchtet seine Daddel-Kiste auf den Wohnzimmertisch direkt neben die Stereoanlage. Da steht sie eigentlich ganz gut, befindet der PUPS nach kurzer optischer Musterung. Dann liest er: «Stellen Sie das gesamte Computersystem auf keinen Fall in der Nähe potentieller elektromagnetischer Störfelder (z.B. Lautsprecher ...) auf.» «Na ja, und so ganz staubfrei ist der Platz vor den Bücherregalen auch nicht», gibt der PUPS kleinlaut zu und entstöpselt das Gerät erneut.

Der PUPS überlegt eine Weile, dann entschließt er sich kurzerhand, seinen Rechner auf dem Eßtisch zu deponieren. Kein Staub, kein direktes Licht, keine extremen Temperaturen ... aber leider akute Krümelgefahr. Das kann der Hersteller auf keinen Fall dulden: «Essen Sie nicht über der Tastaur, da herabfallende Krümel deren Funktionstüchtigkeit stören könnten», warnt er den PUPS. Aber wie soll er denn am

Eßtisch nicht krümeln?, fragt er sich und zieht schon wieder die Stecker heraus.

Unruhig beaugscheinigt der PUPS jetzt seine Wohnung, sucht Winkel für Winkel nach einem geeigneten Plätzchen ab. Besenkammer? Nee, die ist so klein, daß die Lüftungsschlitze des Computers verdeckt würden. Badezimmer-Kommode? Auch nicht, wegen der hohen Luftfeuchtigkeit. Aber Kühlschrank? Nee, das «Nach dem Öffnen kühl aufbewahren», das gilt ja für O-Saft, nicht für Computer!

Bleibt eigentlich nur noch der Flur übrig. Der hat kein direktes Licht, ist nicht zu kalt und nicht zu warm, einigermaßen trocken, leidlich staub- und krümelfrei und immerhin so lang, daß man den Computer so stellen kann, daß die Lüftungsschlitze freiliegen. «Endlich!», triumphiert der PUPS, schleppt ein Beistelltischchen in den Flur und wuchtet den Computer darauf. Da steht er nun, deplaziert wie ein Hawaiihemd in der Oper, aber vollkommen vorschriftsmäßig!

Installation des Betriebssystems: Tagelang auf Montage

Was in der Mac-Branche schon lange gute Sitte ist, setzt sich allmählich auch auf dem PC-Markt durch: Die Computer werden mit voristalliertem Betriebssystem ausgeliefert. Aber noch immer gibt es ein paar arme Irre, die beim Schnüren ihres Computer-Bündels mehr Wert auf eine zusätzliche CD-Sammlung mit den brandheißesten Free- und Shareware-Pralinen legen als auf ein vorinstalliertes Betriebs-System. Diese Wahnwitzigen sitzen dann direkt nach dem Kauf auf dem Wohnzimmer-Fußboden – zwischen interaktivem Routenplaner und multimedialen Cocktail-Rezepten – und können mit all der digitalen Herrlichkeit zunächst gar nichts anfangen. Weil sie erst einmal ein Betriebssystem an ihren elektronischen Schnuckel hinklempnern müssen. Einziger Trost, den sie haben: Im Laufe seiner Computer-Karriere wird so gut wie jeder User einmal in die mißliche Lage kommen, sein Betriebssystem neu zu installieren. Einmal? Windows-Nutzer installieren ihr Betriebssystem so häufig, wie sie ihre Unterwäsche wechseln. Das hat durchaus sein Gutes: Spätestens nach dem dritten Mal sind sie in Sachen Windows-Montage so fit, daß sie sich problemlos als Computerfachmann niederlassen könnten. Anders gesagt: Wenn Sie jetzt verzweifelt über der blitzblanken Festplatte Ihres Computers sitzen und mühsam versuchen, ihr per Betriebs-Software-CD einen Funken Hirn einzuhauchen, muntern Sie sich mit dem Gedanken auf, daß Ihnen diese Prozedur das nächste Mal so leicht von der Hand gehen wird wie das Schmieren einer Butter-Stulle!

Und dabei ist die Installation von Windows 98 auf einem modernen Rechner für den Computer-Anfänger noch halbwegs hinzukriegen – ganz im Gegensatz zu Microsofts «Profi»-Betriebssystem Windows NT. Wer das zum Laufen bringen will, muß sich schon verdammt weit in die Computer-Materie eingearbeitet haben und etwas von so skurrilen Dingen wie Partitionen, 1024-Zylinder-Grenze und Service-Packs wissen. Ohne daß letztere installiert wären, läuft zum Beispiel keine der neueren Grafikkarten richtig. Das weiß natürlich kein Schwein, Computerhändler erst recht nicht, und so kommt es, daß man wochenlang den computerbewanderten Bekanntenkreis nervt und dicke Referenzen wälzt – falls diese gerade entbehrlich sind, d.h. keine Wohnzimmerschrankwand in der Lotrechten halten. Natürlich helfen einem die Wälzer nicht weiter *(Computer-Handbücher sind so nützlich wie ein Schweizer Offizier ohne Messer)* und auch freakigsten Computerfreaks zucken ratlos die Schultern. Wenn einem nicht der Zufall zu Hilfe kommt, dann sitzt man wahrscheinlich noch Monate nach dem Kauf vor einem Windows-NT-Bildschirm, dessen Auflösung aus dem Pleistozän der Computer-Ära stammt und an dessen Flimmern man sich gut und gerne seine Glotzerfunkelchen kaputtsehen kann.

Noch schlimmer als die Installation von Windows NT ist die von Linux. Glaubt man den Medien, dann ist diese nichtkommerzielle Windows-Konkurrenz ganz stark im Kommen. Das ist einerseits schön – Konkurrenz belebt das Geschäft – andererseits aber auch völlig unverständlich. Denn um dieses Betriebssystem zum Laufen zu bringen, muß schon mindestens die Zwischenprüfung in Informatik absolviert sein. Oder gehört die profunde Kenntnis von Root- und Boot-Partitionen, von Appendzeilen für Kernel-Parameter und Mount-Points jetzt schon zum Allgemeinwissen?

Von Treibern und Getriebenen

WIDEA: Du, Soundy, tut mir echt leid, wenn ich dich stören muß. Aber du sitzt auf meinem I/O.

SOUNDY: Wie bitte? Ich auf deinem I/O? Wie kommst du denn darauf, daß das hier dein I/O ist?

WIDEA: Na also, Soundy. Jetzt mach' aber 'nen Punkt! Das haben wir doch schon vorhin beim Hochfahren abgemacht.

SOUNDY: Soso. Haben wir das?

WIDEA: Jetzt tu doch nicht so. Das machen wir doch immer so. Du hast den 0200-0203 und ich hab' den 03B0-03BB. Das ist jetzt schon seit über zwei Jahren so.

SOUNDY: Richtig, Widea. Das war jetzt zwei Jahre lang so. Aber weißt du: Seit gestern sind wir nicht mehr allein. Wir sind jetzt zu dritt und …

WIDEA: (völlig entgeistert) Was? Wir sind zu dritt? Aber, aber … Ich war doch überhaupt nie schwanger!

SOUNDY: Nee, Widea. Nee, so war das nicht gemeint. Da ist nur einfach noch eine Lady eingezogen. Stig, heißt die, glaube ich. Joy Stig. Oder so ähnlich. Egal, die hat jetzt jedenfalls den 0200-0203.

WIDEA: Und weil diese Joy auf deinem 0200-0203 sitzt, hast du dich jetzt auf meinen 03B0-03BB gepflanzt, oder was? Du tickst ja wohl nicht mehr ganz richtig, Soundy!

SOUNDY: Damit könntest Recht haben, Schätzchen. Mit meinem alten I/O bin ich irgendwie besser zurechtgekommen. Aber was soll's, läßt sich jetzt nicht mehr ändern.

WIDEA: Jetzt nicht mehr. Aber gestern abend. Warum hast du denn da so mir nichts dir nichts den Platz geräumt? Für irgend so 'ne fremde Schickse?

SOUNDY: Na ja, Widea, weißt du: Die Joy, die ist so verkehrt auch wieder nicht. Und …

WIDEA: Und ich? Ich reiche dir wohl nicht mehr, was? Du widerliches Miststück, du! Du Hornochse, du …

SOUNDY: Ich bitte dich Widea. Jetzt reg' dich doch mal wieder 'n bißchen ab!

WIDEA: Den Teufel werde ich tun! Und wenn du dich nicht augenblicklich von meinem I/O verpißt, dann hau ich dir deine DMA um die Ohren, daß dir deine Schaltkreise nur so von der Platine rutschen!

Der letzte Satz verrät es: Die angeregte kleine Unterhaltung, der Sie eben beiwohnten, entstammt nicht dem Wohnzimmer eines älteren Ehepaares. Nein, hier ging es nicht um den verbalen Kampf zweier Mittsechziger um die Rechte an einem besonders flauschigen Fernsehsessel mit einfallsloser Typenbezeichnung. Es handelte sich um den handfesten Konflikt zweier Treiber um einen freien I/O-Bereich. Der Input/Output-Bereich ist der Teil des Hauptspeichers, der für die Kommunikation der Treiber mit der Hardware bestimmt ist. Jeder Treiber hat seine eigene Zone mit eigener I/O-Adresse. Eigentlich. Wie wir gesehen haben, zanken sich die Treiber leider oft genugt um ein und denselben I/O.

Am liebsten würde man die Streithähne ja kurzer Hand vor die Tür setzen. Aber das geht nicht, wie Sie spätestens dann feststellen werden, wenn Sie Ihren Computer vorschriftsmäßig aufgestellt und ordnungsgerecht mit Betriebssystem versehen haben und dann immer noch nichts läuft. Sie können nämlich die allergeilste Soundkarte unter der Haube haben, ohne Treiber macht die keinen Piep. Den muß man übrigens oft von einer mitgelieferten Diskette installieren, die sich gut versteckt ganz unten im Karton befindet. Wenn sie nicht bereits vom Mahlwerk eines Altpapier-Entsorgungswagen zu Plastikstaub geschrotet wird …

DIE ERSTEN SCHRITTE AM COMPUTER

Die ersten Schritte sind immer die schwersten. Von dieser Weisheit macht auch die Computerei keine Ausnahme. Ganz im Gegenteil. Erst will der verfluchte Rechner ewig nicht hochfahren. Irgendwann ist es wider Erwarten doch so weit, aber jetzt findet man die wichtigen Programme nicht – da hilft kein Datei-Manager, kein Hilfeprogramm und kein Handbuch. Also besser gleich wieder ausmachen die Kiste. Zu doof nur, daß nicht einmal das Abschalten auf Anhieb klappt. Überhaupt: Am ganzen Compi scheinen nur die Betriebssystem-Extras zu funktionieren. Darüber freuen wir uns ungefähr genauso wie über den einwandfrei funktionierenden elektrischen Fensterheber links hinten, wenn wir mit unserem nagelneuen Sechszylinder-Boliden wegen Motorschadens auf einem gottverlassenen, tiefverschneiten Feldweg in der hinteren Taiga liegengeblieben sind.

Wer wird den gleich hochfahren?

Der Computerlose ahnt nicht einmal, daß ihm etwas fehlen könnte. Er ist glücklich in seiner dumpfen Gleichgültigkeit gegenüber jeder technologischen Lebenshilfe.

Seit Jahrzehnten schreibt er Notizen, malt er Bilder, legt er Patiencen mit eigener Hand. Beim Imaginieren bedient er sich sogar seiner eigenen Vorstellungsbilder. Nicht selten holt er sich davon Denkblasen.

«Erbärmlich!» urteilt der Technik-Gläubige. Ihm erscheint der Geisteszustand eines Computerlosen nur vergleichbar mit dem eines Ureinwohners, der penetrant frohgemut durch seinen Dschungel läuft, weil ihm noch niemand von den Annehmlichkeiten des Autofahrens erzählt hat.

Das gesamte Umfeld des Computerlosen hat bereits eine Symbiose mit der Technik-Welt geschlossen, nur er wabert noch als Einzeller, als Fossil des Industriezeitalters durch die Informationsgesellschaft.

Doch der Druck auf ihn wächst. Auch wenn er den Kopf in den Quartzsand steckt, irgendein Medium dringt zu ihm vor und streut die Gedankensaat in sein Hirn: «Ohne Computer bist du out, ein soziales Nichts, eine lächerliche Randfigur».

Anfangs wagt er noch zu fragen: «Wozu brauche ich einen Computer?». Doch darauf erntet er nur schallendes Gelächter. Und dann regnen Gegenfragen auf ihn ein: «Brauchst Du einen 16:9-Fernseher? Oder Markensandalen? Oder eine

Limousine der gehobenen Mittelklasse? Es geht nicht um *brauchen,* sondern um *zeigen,* nicht um *Nutzen* sondern um *Prestige*!»

Da verstummt der Computerlose. Ein Gefühl der Ausgrenzung befällt ihn wie einen vorpubertären Bravo-Leser auf der Dr.-Sommer-Seite. Und langsam, ganz langsam bröckelt sein Widerstand.

Das haben Sie alles schon einmal gelesen? Ist uns bekannt. Es ist frech, seinen Lesern zweimal den gleichen Text vorzusetzen? Ja, kar. Und daß wir Ihnen damit wertvolle Lebenszeit stehlen, wissen wir auch. Aber wissen Sie, daß Ihnen das Gleiche jeden Morgen passiert, wenn Sie Ihren PC anwerfen? Jedesmal die gleiche zeitraubende Prozedur: BIOS-Logo und Versionsnummer, Memory-Test und die Abfrage der Meister- und Sklaven-Belegung. Dann ein paar wirre Zeilen – Mode-Funktion «Codepage vorbereiten» ausgeführt. Danke! – und endlich das Windows-Logo. Dauert gut und gerne eine Minute. Genauso lang wie das Lesen des obigen Textes. Haben wir ausprobiert. Mitgestoppt, sozusagen. Funktioniert aber nur, wenn Sie keine Leseschnecke sind!

Jetzt stellen Sie sich einmal vor, alle Haushaltsgeräte kämen so quälend langsam in die Puschen wie Ihr Computer! Ihre Nachttischlampe zum Beispiel. Sie legen den Schalter um, warten eine geschlagene Minute und wenn dann der große Schatten gerade wieder auf den Balkon hinaus ist, geht das Licht an! Oder das Telefon. Sie heben den Hörer ab und dusseln eine volle Minute Lebenszeit ab. Und erst wenn das Feuer vom Weihnachtsbaum auf die Gardinen übergeschlagen ist, werden Sie Ihren Notruf los.

Oder malen Sie sich aus, wie das wäre, wenn dieses Buch solche Zicken machen würde. Jedesmal, wenn Sie danach greifen, müßten Sie sechzig lange Sekunden auf den dämlichen

Einband gucken, bevor Sie zur Lektüre schreiten können! Na, Sie würden sich vielleicht bedanken!

«Ist ja aber gar nicht so», könnten Sie sich erleichtert zumurmeln und sich bequem im Sessel zurücklehen. «Wird aber bald so sein», müßten wir Ihnen entgegnen. Denn Kollege Computer schluckt ein Haushaltsgerät nach dem anderen: Der Fernseher wird zur TV-Karte, der CD-Player zum CD-ROM-Laufwerk. Das Fax wird vom internen Modem ersetzt, das gleichzeitig Telefon-Dienste übernimmt. Einen Taschenrechner findet man eh schon auf keinem Schreibtisch mehr. Selbst Bücher werden – auf CD-ROM gepreßt – mehr und mehr am PC gelesen. Und jedesmal kommt vor der eigentlichen Nutzung der ellenlange Warm-up. Irgendwie uncool, oder?

Wer suchet, der fluchet

Benutzerfreundliche Oberfläche, intuitives Design kontextsensitive Hilfe – die Werbefeldzüge der Computerindustrie sind ein einziger Aufmarsch großspuriger Worte und Ausdrücke. Doch die Produkte halten oft weit weniger als die Kampagnen versprechen. Oder was sollen wir davon halten, wenn uns das Apple-Betriebssystem als intuitiv verkauft wird, man aber eine Diskette, damit sie aus dem Schlitz kommt, in den Papierkorb treten muß – ganz so als ob man sie wie jede beliebige Datei löschen wollte!

Und daß in modernen Programmen auch der unbedarfteste PUPS auf Anhieb findet, was er sucht, ist ebenfalls eine Marketing-Lüge. Nein, oft genug wühlt sich selbst der eingearbeitete User stundenlang durch Menüs und Submenüs, bis er mehr oder weniger zufällig auf das gewünschte Programm-Element stößt. Wer soll denn bitte auch auf Anhieb darauf kommen, daß sich beispielsweise in «Word» die Einstellungen zur Papierzufuhr des Druckers nicht unter dem Punkt «Drucker», sondern unter «Seite einrichten» befindet? Und wie bitte kann man so etwas Elementares wie das Kartenspiel *Patience* unter dem Namen «Solitär» hinter Start\Programme\Zubehör\Spiele verstecken?

Schlechtes Management führt zur Betriebspleite

Da Computer – wie wir gesehen haben – doch nicht so intuitiv sind, wie uns die Industrie glauben macht, brauchen wir User Tools wie den *Explorer* oder den *Arbeitsplatz* für den Windows-PC bzw. den *Finder* für den Mac. Mit diesen Programmen soll es uns gelingen, Dateien und Programme auf unserem Computer zu finden, zu kopieren, zu löschen und einzufügen – kurz: sie zu organisieren. Dumm nur, daß man zumindest für den Umgang mit dem *Explorer* das im jahrelangen Umgang mit komplizierten Ablagesystemen geschulte Talent eines Verwaltungsbeamten des mittleren nichttechnischen Dienstes braucht. Oder entspricht es etwa den Denk- und Ordnungsprinzipien eines Durchschnittsmenschen, sich durch die hierarchischen Verästelungen einer Baumstruktur zu kämpfen, bis man auf irgendeinem Zweiglein das gesuchte Früchtchen findet?

Nein, der Mensch denkt eher assoziativ, verknüpft ganz gerne das eine mit dem anderen, auch wenn es zufälligerweise nicht auf dem gleichen Ast gewachsen ist. Dem sollen wahrscheinlich die Programme *Arbeitsplatz* und *Finder* entgegenkommen. Die verzichten nämlich auf komplizierte Verzweigungen. Statt sich durch ein Labyrinth von Ästen und Zweigen zu kämpfen, klickt man in ihnen einfach auf einen Ordner. Der öffnet sich und gibt – Simsalabim – den Blick auf einen oder mehrere neue Ordner frei.

Wie die Püppchen einer russischen Matroschka öffnet man nun einen nach dem anderen, bis man mit etwas Glück irgendwann auf das heiß ersehnte Porno-Bildchen, den dringend benötigten Grundriß der benachbarten Geschäftsbank, die verzweiftelt gesuchte digitale Geburtstagspostille an Erbtante Erna oder ähnliche Schätze stößt.

Diese zweite Art der Suche wird nun als die «humanoide» schlechthin gepriesen. Wir fragen uns: Wie das? Liegt hier nicht ein gigantischer Irrtum vor? Wir sind doch keine Maulwürfe, die sich mit Mauszeigern als Grabwerkzeuge durch die Tiefen unserer Festplatten wühlen!

Es tut uns leid, aber *Arbeitsplatz* und *Finder* sind irgendwie genauso Mist wie *Explorer* und sämtliche verwandte Hilfsmittel. Man kann es drehen und wenden wie man will: Dateimanager sind allesamt Nieten in Nadelstreifen!

Hilf Dir selbst, dann hilft Dir die Hilfe

Nach dieser Prämisse scheinen Programmentwickler die Hilfe-Funktion ihrer Anwendungen aufzubauen. Die ist nämlich nur etwas für Leute, die sich ohnehin auskennen und das Computerfachvokabular im Schlaf herunterbeten können. Sucht aber ein Computerneuling mit Hilfe der Hilfe nach Hilfe, ist er völlig aufgeschmissen.

Bei *Microsoft Word* fängt das Problem schon damit an, daß man die Auswahl zwischen drei verschiedenen Hilfe-Systemen hat: Dem Hilfe-Index, der Hilfe-Suchfunktion und dem *Microsoft-Office-Assistenten* (Sie wissen schon: «Karl Klammer», diese abscheuliche Inkarnation deutscher Beamtenkultur).

Nehmen wir ein praktisches Beispiel: Der PUPS will seinem französischen Freund François eine selbstgestaltete Geburtstags-Grußkarte schicken und hat vergessen, wie man in

Word so ein Häckchen unter das «c» macht. Auf der Suche nach Rat ruft er zunächst den Office-Assistenten auf. «Assistent» klingt kompetent, so nach wissenschaftlichem Mitarbeiter, der seinen Studenten hilfreich zur Seite steht. Überdies brüstet er sich damit, «kontext-sensitiv» zu sein. Das heißt, man kann eine Frage eingeben und er schlägt verschiedene Lösungen vor, die thematisch mit der Frage in Verbindung stehen.

Hoffnungsfroh gibt der PUPS also ein: «Wie mache ich ein Häkchen unter das c?» Was schlägt der Assistent daraufhin vor? «Wissenswertes über das Anzeigen von Formatierungsinformationen». Das hilft dem PUPS irgendwie nicht so richtig weiter, auch wenn es bestimmt wahnsinnig spannend ist, etwas über das Anzeigen von Formatierungsinformationen zu erfahren. Nun gut, Assistenten sind eben auch nicht mehr, was sie mal waren – die schlechte Bezahlung, der Konkurrenzdruck …

Zum Glück gibt es ja noch die normale Hilfe (im Menü unter dem Fragezeichen). Dort findet man einen Index mit Eingabefenster. In dieses schreibt man das Thema, über das man etwas erfahren will und der alphabetisch aufgebaute Index springt automatisch an die Stelle, an der sich der entsprechende Eintrag befindet. Nun braucht man nur noch zu klicken – in der Theorie.

Wenn der PUPS aber «Häkchen unter dem c» eingibt, landet er im Index bei «Häufig verwendete FTP-Sites». Auch das trifft den Punkt nicht. Die letzte Hoffnung des PUPS ist nun die Hilfe-Suchfunktion. Er gibt auch hier «Häkchen unter dem c» ein und bekommt prompt das Hilfe-Kapitel «Festlegen des Standarddruckers» angeboten. Na super! François muß sich mal wieder verstümmeln lassen. Wo er doch immer so empfindlich ist, wenn es um die richtige Schreibweise seines Namens geht!

Übringens: glauben Sie bloß nicht, es würde etwas nützen, wenn man weiß, daß das Häkchen unter dem c «Cedille» heißt! Wenn Sie «Cedille» eingeben, liefert Ihnen der Hilfe-Index «Carpal-Tunnel-Syndrom (Verringerung des Risikos von)».

Dabei ist die Lösung ganz einfach: Der PUPS hätte nur wissen müssen, daß es sich bei dem Häckchen um ein «Sonderzeichen» handelt, das unter «Einfügen\Sonderzeichen\Normaler Text\Subset Lateinisch1» zu finden ist. Ganz einfach!

Zu spezielles Beispiel? Nun gut, es gibt noch andere: Sie wollen eine neue Seite anfangen und glauben, es gäbe einen Indexeintrag «Neue Seite». Fehlanzeige! Sie hätten unter «Seitenumbruch» nachsehen müssen. Klar. Sie haben ja schließlich eine Druckerlehre. Sonst würden Sie ja auch bei den Menüpunkten «Initial», «Blocksatz», «Kapitälchen», «Tabulator» nur Bahnhof verstehen ... Ach so, tun Sie?

Computer-Handbücher sind so nützlich wie ein Schweizer Offizier ohne Messer

Die Computerhilfe hilft also nix. Nun gut. Es gibt ja noch *Word 2000 – das Handbuch.* Da müßte doch eigentlich alles drinstehen. Nur kommt der PUPS an das Ding momentan so schlecht ran, sorgt es doch dafür, daß die Wohnzimmerschrankwand waagerecht steht.

Klar, er hat schon mal einen kurzen Blick hineingeworfen. Aber die schiere Masse an Infos hat ihn völlig überfordert. 900 Seiten Anleitung, wie man auf einem Computer Texte schreiben soll – der absolute Wahnsinn!

Wie stellen sich die Autoren das eigentlich vor? Soll man bis ans Ende seiner Tage nur noch Computerhandbücher lesen? Für die knappe, zielgerichtete Aufklärung eines Computer-Anfängers sind diese Riesenprügel jedenfalls völlig ungeeignet. Man drückt ja auch keinem Schulanfänger den 20-bändigen Brockhaus in die Hand und läßt ihn dann die nächsten zehn Jahre damit alleine.

Unter der Schrankwand macht *Word 2000 – das Handbuch* jedenfalls einen prima Job. Ähnlich praktisch ist *Office 2000 – das Kompendium.* Das haben wir uns damals gegönnt, im Glauben, wir könnten uns gegen alle nur erdenklichen Anwendungsprobleme wappnen. *Office für Dummies,* das im Buchladen danebenstand, haben wir verächtlich weggeschoben. Schließlich möchte man sich nicht von vorne herein für blöd verkaufen lassen. Reicht doch, wenn man nach und nach erfährt, daß man es ist. Nein, es sollte ein seröses, komplettes Werk sein, das in allen Fragen fachkundige Unterstützung bietet. Ha ha! Unterstützung bietet das Kompendium jetzt alleine dem Computermonitor. Der steht mit seiner Hilfe 15 cm höher – genau richtig fürs Auge.

Unübertroffen in seinem Nutzwert ist jedoch *Windows 98 – die Referenz.* Dieses 1200-seitige Meisterwerk sorgte im offenen Kamin den halben Winter über für eine behagliche, knisternde Wärme. Wenn das keine Referenz ist!

Die Extras von Windows sind so wertvoll wie ein kleines Steak für Veganer

Nachdem auch die Handbücher als Mentoren kläglich versagt haben, fährt der frustrierte PUPS seine Rechenkiste herunter, schaltet den Fernseher an und seinen Kopf ab … hofft er. Doch was müssen seine müden Augen sehen? Commercial-TV!

QUENDOLYN:	Was tust Du da, Peggy?
PEGGY:	Ich sitze am Computer, Quendolyn.
QUENDOLYN:	Das ist ja toll, Peggy. Du sitzt am Computer!
PEGGY:	Ja.

QUENDOLYN: Und was tust Du am Computer?

PEGGY: Ich öffne ein Fenster.

QENDOLYN: Phantastisch, Peggy. Du sitzt am Computer und öffnest gleichzeitig ein Fenster. Wie machst Du das nur?

PEGGY: Ganz einfach, Quendolyn. Ich benutze das Programm «Windows».

QUENDOLYN: «Windows», ich glaube das ist Englisch und heißt einfach «Fenster» oder?

PEGGY: Da hast du verdammt recht, Quendolyn. Du bist mir ja ein ganz schöner Fuchs!

QUENDOLYN: Danke, Peggy! Und was kann man mit Windows noch alles tun, außer Fenster aufzumachen?

PEGGY: Man kann sie auch wieder zumachen.

QUENDOLYN: Das ist ja unglaublich. Ein Teufelszeug, dieses Windows!

PEGGY: Du sagst es, Quendolyn. Windows ist das einzige Produkt, mit dem man gleichzeitig am Computer sitzen, Fenster öffnen und sie sogar wieder zumachen kann.

QUENDOLYN: Jetzt bin ich total heiß, Peggy. Ich muß dieses Windows haben! Wie kann ich es bekommen?

PEGGY: Du kannst es einfach kaufen!

QUENDOLYN: Nein, das ist nicht wahr! Einfach kaufen?

PEGGY: Doch, das ist wahr. Ich schwöre es. Aber damit nicht genug! Die ersten 40 Millionen Käufer von Windows erhalten nicht nur ein tolles Programm, mit dem man Fenster öffnen und wieder zumachen kann, sondern eine ganze Menge Extra-Programme.

QUENDOLYN: Das verschlägt mir jetzt die Sprache. Welche

	extra Super-duper-Programme bekommt man da noch?
PEGGY:	Da gibt es zum Beispiel einen tollen Editor, einen super Taschenrechner und ganze drei lustige Spiele: «Minesweeper», «Solitär» und «Hearts».
QUENDOLYN:	Mensch, Peggy, die Macher von Windows müssen ja komplett verrückt sein. So viele Programme! Was kann man denn zum Beispiel mit dem Editor machen?
PEGGY:	Damit kann man Dateien angucken.
QUENDOLYN:	Richtig gut angucken?
PEGGY:	Na ja, es geht. Der Editor öffnet Textdokumente gerne ohne Seitenformatierung.
QUENDOLYN:	Uff, das klingt verdammt kompliziert, Peggy. Was heißt das?
PEGGY:	Das heißt, daß eine Zeile 24 Meter breit sein kann.
QUENDOLYN:	Dann brauche ich also einen 24 Meter breiten Bildschirm.
PEGGY:	Oder du scrollst eine halbe Stunde lang nach rechts, um den Text zu lesen.
QUENDOLYN:	Das verstehe ich jetzt nicht. Klingt aber total aufregend! Und die Spiele, wie sind die?
PEGGY:	Solitär ist spitze. Das ist wie Kartenspielen, nur ohne Karten.
QUENDOLYN:	Irre! Und kann man dabei auch schummeln?
PEGGY:	Natürlich nicht! Das geht mit dem Computer nicht.
QUENDOLYN:	Das ist aber doof.
PEGGY:	Pssst!

QUENDOLYN:	Äh … und der Taschenrechner, wie ist der?
PEGGY:	Der totale Bringer. Wenn die Tasche groß genug ist, kann man den ganzen Computer reinstecken und mitnehmen.
QUENDOLYN:	Du hast mich überzeugt, Peggy. Dieses Windows macht aus meinem Computer gleichzeitig einen Dateiangucker, eine Spielhölle und den größten Taschenrechner der Welt. Ich werde sofort anrufen und bestellen!
PEGGY:	Tun Sie's doch auch: 0190 …!

Einfach mal abschalten?

Der PUPS hat sich die Haare lang und die Fingernägel krumm gewartet, bis seine Daddelkiste hochgefahren ist. Dann hat er vergeblich nach wichtigen Programmen gesucht und sich mühsam durch den Datei-Manager gegraben. Er hat die Computer-Hilfe in den Orkus geschickt, seine Handbücher durch den Papierwolf gedreht und die Extras von Windows in die Hölle geflucht. Jetzt hat er für's erste genug von der Computerei. «Einfach mal abschalten!», ist sein einziger Gedanke.

Wenn Sie von unseren Gags und Sprüchen genug haben, dann klappen Sie das Buch in Ihren Händen einfach zu. Und wenn Sie vom Computern die Schnute voll haben? Nü, denn ziehnse janz einfach 'n Stegger raus! So leicht geht das. Leider nicht. Zumindest dann nicht, wenn Sie nicht nach dem zweiten oder dritten Steckerziehen das Betriebssystem neu installieren wollen – wozu wir Ihnen nun wirklich nicht raten können *(Installieren des Betriebssystems: Tagelang auf Montage)*.

Also, einfach mal abschalten is' nich'. Ein Computer wird nicht einfach ausgemacht, er wird Schritt für Schritt auf Ruhe-

Niveau gebracht. «Herunterfahren» nennt man das mit einem wahrhaft eindrucksvollen Wort, das noch in den 80er Jahren für das Ausschalten von Kernkraftwerken und ähnlich gigantischen Anlagen reserviert war.

Die Zeiten sind vorbei – unwiderrufbar. Heute wird jeder poplige PC heruntergefahren. Die große Preisfrage aber ist: Wie? Wie beendet man eine PC-Sitzung? Wetten, daß Sie nie drauf kommen? Wir sagen's Ihnen: Man beendet eine Session am Windows-PC mit einem Klick auf den Button «Start»! Das ist in etwa so logisch, als wäre der Papst ein Moslem. Aber das scheint nicht zu stören in einer Branche, in der man Disketten wegwirft, um sie entgegenzunehmen *(Wer suchet, der fluchet)*

DAS ARBEITEN AM COMPUTER

Die ersten Schritte am Computer sind getan. Inzwischen kann der PUPS schon richtig gehen. Tja, und wie das in Deutschland so ist: Wer gehen kann, geht zur Arbeit. Ob er sich hierzu ins Büro am anderen Ende der Stadt oder lediglich vom Schlafzimmer in den Flur bewegen muß, ist ziemlich egal: Das Teamwork mit der Knobelkiste hat hier wie dort seine Schattenseiten. Ursprünglich war dem Computer ja mal die Rolle eines elektronischen Knechts zugedacht – genügsam, willenlos und allzeit dienstbar. Er sollte dem Menschen lästige Tätigkeiten abnehmen und ihm so helfen, Zeit zu sparen und ein angenehmes Leben zu führen. Doch wer einen Computer besitzt, kennt die Wahrheit:

Die Zusammenarbeit mit ihm ist die Hölle. Täglich kämpfen wir mit seinen Macken, ärgern uns über seine Begriffsstutzigkeit und machen Arbeiten, die wir ohne Computer nie gemacht hätten. Oder würden Sie ohne Computer CD-Listen anlegen, Urlaubsfotos retuschieren oder Adressdatenbanken verwalten?

Ziehen wir ein ehrliches Fazit: Durch die Arbeit am Computer haben wir zehnmal mehr Lebenszeit verloren als gewonnen – von den Nerven ganz zu schweigen.

Der Computer schaltet uns alle gleich

Wie einfach war das Leben noch vor 200 Jahren. Jeder hatte seine klar umrissene gesellschaftliche Rolle zu erfüllen. Den Beruf, vom Vater geerbt, übte man traditionsbewußt aus, und zwar in einer ganz speziellen Arbeitsweise:

Der Schreiner sägte und leimte, der Architekt zirkelte und schraffierte, der Komponist summte und klimperte, der Buchhalter rechnete und blätterte, der Anwalt argumentierte und plädierte, der Ingenieur probierte und konstruierte, der Kaufmann scheffelte und zählte, der Dichter murmelte und kritzelte, der Chemiker panschte und köchelte, der Astronom schaute und notierte, der Schmied hämmerte und bog, der Biologe pflückte und zeichnete, der Philosoph grübelte und diskutierte, der Lehrer las und lehrte und der König saß und herrschte.

Heute ist dagegen alles vereinheitlicht:

Der Schreiner tippt und klickt, der Architekt tippt und klickt, der Komponist tippt und klickt, der Buchhalter tippt und klickt, der Anwalt tippt und klickt, der Ingenieur tippt und klickt, der Kaufmann tippt und klickt, der Dichter tippt und klickt, der Chemiker tippt und klickt, der Astronom tippt und klickt, der Schmied tippt und klickt, der Biologe tippt und klickt, der Philosoph tippt und klickt und der Lehrer tippt und klickt. Nur der König hat ausgeklickt.

Schuld an dieser Gleichmacherei ist – na? Sie haben es sicher geahnt: der Computer, der jede Idee auf einen Horizont von 17 Zoll einengt und der jedes sinnliche Erleben auf das Anstarren eines Monitors und das Anhören von Piepsgeräuschen reduziert.

Was bin ich? Diese Frage kann nicht mehr beantwortet werden. Robert Lembkes heiteres Beruferaten hätte in unserer Zeit keine Chance mehr, denn nach der Bitte um eine typische Handbewegung müßte jeder Gast auf eine imaginäre Tastatur einhämmern.

In der Arbeitswelt unserer Zeit fehlt von Individualität jede Spur, obwohl diese Eigenschaft doch so hoch geschätzt wird. Wen wundert es da noch, daß sich die Menschen nach dem Job an Gummiseilen von Kränen oder ohne Gummiseile von Hausdächern stürzen? So können sie sich wenigstens für ein paar Sekunden aus der Masse der Tipper und Klicker erheben, bevor sie endgültig auf den Boden der Tatsachen zurückgeworfen werden.

Man darf sich zu Recht fragen, ob es dem Erfolg unseres beruflichen Tuns zuträglich ist, wenn wir dabei nur zwei Sinne gebrauchen, obwohl uns die Natur doch sechs mitgegeben hat. Oder glauben Sie nicht, daß ein Zimmerer mehr in seiner Arbeit aufgeht, wenn er das Holz unter den Händen fühlt, das Harz riecht und den Staub schmeckt, als wenn er nur eine computergesteuerte Fräse programmiert?

Vielleicht müssen wir Marx mit seiner Theorie der Entfremdung doch noch recht geben. Nicht die mächtige, lärmende Fabrik war es, die uns aus unserer vertrauten Welt riß – es ist der kleine, surrende Kasten mit den Tasten. Nicht die Industriegesellschaft verwandelte uns in ein gleichgeschaltetes Heer von Arbeitssklaven – die Informationsgesellschaft tut es. Myriaden von kopfentkernten Cyper-Proletariern ertippen sich heute ihr Brot, laden sich ihre Spiele aus dem Netz herunter und sind selig.

Was bitte ist «Moorhuhn» anderes als Opium fürs Volk? So paradox es klingt: Menschen, die den ganzen Tag am Computer ballern, können auf der Straße keine Revolution beginnen. Denn dann wäre ja das «game over».

Der Computer raubt wertvollen Schreibtischplatz

Ein durchschnittlicher Schreibtisch hat mit seinen 150 x 80 Zentimetern nicht gerade die ehrfurchtgebietenden Ausmaße tundrischer Steppen. Aber immerhin: Seine Fläche reicht im Normalfall aus, um die nötigsten Arbeitsutensilien zu beherbergen. Schwierig wird es erst, wenn auf dem Tisch ein Computer aufgestellt werden soll. Denn Computer, beziehungsweise ihre «Hardware-Peripherie», verbrauchen so viel wertvollen Schreibtischplatz wie 70er-Jahre-Chevrolets Benzin.

Allein der Bildschirm beansprucht gut und gerne 50x50 Zentimeter Stellfläche, heute schon. Und da die Tendenz zu immer größeren Bildschirmen geht – ein 19-Zöller ist ja schon jetzt die Briefmarke in der Gemäldegallerie – werden sich die Mattscheiben der nahen Zukunft noch viel mehr Schreibtisch-Platz unter den Nagel reißen.

Links und rechts vom Monitor machen sich die Lautsprecher breit, die heute in keinem Bundle mehr fehlen dürfen. Sie haben inzwischen die Maße ausgewachsener Stereo-Boxen erreicht. Ihr Platzverbrauch ist dementsprechend fast so groß wie der des Druckers, der ja auch noch irgendwo untergebracht werden muß. Besonders fies: Die im wahrsten Sinne des Wortes ausladenden Schubladen für die Papierzufuhr und -ausgabe.

Monitor, Boxen und Drucker, das alles wäre noch zu verkraften, wenn nicht ausgerechnet am zentralsten Fleck des Schreibtisches – sozusagen in seinem Herzen – die Tastatur lümmeln würde. Breit wie eine Flunder liegt sie da, neben sich die Maus auf ihrem auch nicht gerade winzigen Pad. Fehlt nur noch der Kern der ganzen Anlage, der Computer. Wo bringen wir den denn unter? Unter dem Tisch? Ist o.k., wenn es sich um einen Tower handelt. Wenn's aber ein Desktop ist? Dann bleibt wohl nichts anderes übrig, als ihn unter den Monitor zu knören, wo er garantiert die letzten freien Quadratzentimeter der Tischfläche einnimmt. Für Papier, Stifte, eine Ablage und ähnliches bleibt da unglücklicherweise kein Platz mehr, für die Kaffeetasse leider auch nicht – das heißt: Fahren Sie doch einfach mal das CD-ROM-Laufwerk Ihres Desktop aus ...

Kollege Computer ist ein Null-Checker

Warum kann man seinem Rechenbüttel als User und Gebieter eigentlich nicht einfach sagen: «Formatiere mir die Tabelle mit einer vernünftigen Spaltenzahl, in einer Schrift, die auch Oma lesen kann und dann drucke sie so aus, daß es gut aussieht!» Warum zum Teufel geht das nicht?

Weil Kollege Computer einfach nicht schnallt, was wir Menschen von ihm wollen, weil er kein warmer Zellenhaufen ist wie wir, sondern eine kalte elektronische Maschine. Und elektronische Geräte verstehen nur die Maschinensprache, den sogenannten binären Code. Das heißt, sie können nur zwischen «an» und «aus», zwischen «0» und «1» unterscheiden. Jede noch so komplexe Leistung eines Computers ist demnach nur eine blitzschnelle Abfolge solcher 0-1-Entscheidungen. Selbst Lara Croft, die so sexy über Ihren Bildschirm huscht, besteht, wenn Sie ganz genau hingucken, nur aus winzigen Nullen und Einsen. Hinzu kommt, daß der Computer seine Entscheidungen in einer strengen Reihenfolge, also linear trifft.

Ganz anders das menschliche Gehirn. Es funktioniert nicht streng linear, sondern streng chaotisch. Alle Nervenzellen sind netzartig miteinander verknüpft und schalten lustig hin und her. Deshalb kommen wir ständig auf so seltsame Ideen und können z.B. wichtige Bücher wie dieses schreiben. (Ein Computer kann das nicht, worüber wir Autoren einigermaßen froh sind.)

Aus dieser grundlegenden Verschiedenheit von Mensch und Maschine resultiert, daß die beiden kommunikativ auf Kriegsfuß stehen *müssen.* Einzig Computerfreaks sind fähig, wie Computer zu denken. Aber die sind ziemlich komisch drauf und nicht repräsentativ *(Computerfreaks sind irgendwie seltsam drauf).* Die Umgangssprache normaler Menschen hört sich für einen Computer völlig unlogisch und widersprüchlich an. Beispiel gefällig?

Ihr Rechner besitzt eine Spracherkennungsfunktion. Sie haben einen Text vor sich auf dem Bildschirm und wollen Ihrem Computer nun den Befehl «Schreibe alles groß!» erteilen. Geht leider nicht, denn er könnte dreierlei verstehen:

1) Er soll den Ausdruck «Alles Groß» schreiben.
2) Er soll das Wort «ALLES» in Großbuchstaben schreiben.
3) Er soll den GESAMTEN TEXT in Großbuchstaben schreiben.

Uns ist natürlich klar, was gemeint ist, weil wir aus dem Zusammenhang urteilen, unsere frühere Erfahrung mit einbeziehen, Unwichtiges von vorne herein aussortieren – kurz «ein Gefühl für Sprache» haben.

Ein Computer hat kein Gefühl für Sprache. Aufgrund seines linearen Denkstils ist er nach menschlichen Maßstäben völlig begriffstutzig. Jeden einzelnen, noch so kleinen Arbeitsschritt muß man ihm ganz genau und ohne jede Zweideutigkeit erklären. Man nennt das «Programmieren» – eine Fleißaufgabe. Als geistig gesunder Mensch will man sich mit so etwas nicht abmühen und begnügt sich mit einem Dasein als «User» vorgegebener Programme. Leider sind diese etwa so individuell maßgeschneidert wie ein Bettlaken. Doch jeder Versuch, sie zu ergänzen, ist absolut irrsinnig. Wer einmal gewagt hat, ein Makro zu programmieren, um eine lästige

Routineaufgabe – etwa Tabellen formatieren – zu automatisieren, weiß wovon wir schreiben. Der Zeitaufwand ist so groß, daß man besser gefahren wäre, wenn man die Routineaufgabe 300 Jahre lang von Hand ausgeführt hätte.

Programme I – Spracherkennungs- und Übersetzungsprogramme oder «Über allen Gipfeln isst Ruth»

Wollen wir nicht zu kritisch sein. Unser Leben hat sich in den letzten Jahrzehnten schon enorm vereinfacht! Früher mußte man jedes Schriftstück von Hand erschaffen, den tintengetränkten Federkiel mühsam über rauhes Pergament ziehend. Ein Tintenklecks und die Prozedur war vergebens. Welche Erleichterung brachte da die Erfindung der mechanischen Schreibmaschine! In immer gleicher Qualität wurden die Lettern aus dem Papier gestanzt. Mit Hilfe von Kohlepapier konnte man sogar Durchschläge erstellen. Einzig das Korrigieren gestaltete sich noch etwas mühsam.

Einen großen Schritt nach vorn brachte uns da die Einführung des PCs. Texte konnten plötzlich beliebig verändert, umgestellt und korrigiert werden. Und man konnte sie so oft man wollte ausdrucken. Was blieb, war allerdings das lästige Tippen.

Doch damit ist es endlich vorbei. Denn jetzt gibt es ausgereifte Spracherkennungssoftware! Ob *Naturally Speaking, Freespeach, Voice Xpress* oder andere – alle diese Programme machen Textverarbeitung mit dem Computer zu einem Kinderspiel.

Der PUPS setzt sich einfach ein Headset auf, sieht cooler aus als Captain Picard, spricht locker-flüssig in das kleine Mikrophon, und wie von Geisterhand erscheint der Text auf dem Bildschirm – fast fehlerfrei. Diktiert er dem Rechner z.B. das berühmte Goethe-Poem «Wandrers Nachlied» …

Über allen Gipfeln
Ist Ruh,
In allen Wipfeln
Spürest du
Kaum einen Hauch
Die Vöglein schweigen im Walde.
Warte nur, balde
Ruhest du auch.

… erscheint auf dem Bildschirm kurze Zeit später folgender Text:

Über allen Gipfeln ißt Ruth.
In allen Wipfeln spür es, du!
Kau meinen auch!
Die Vögel ein Schweigen im Walde.
Warte nur Balte!
Rußt du auch?

Das ist phantastisch! Gut, es gibt Abweichungen vom Original, aber die kann man als künstlerische Freiheit der CPU auslegen.

Will der PUPS seinen Chat-Kumpel Bruce aus Neuseeland mit diesem Kleinod deutscher Dichtkunst erfreuen, ist auch dies kein Problem! Schließlich gibt es spitzenmäßige Übersetzungsprogramme wie *Power Translator* oder *Personal Translator,* die das Werk mirnixdirnix ins Ausländische übertragen. Bruce wird begeistert sein, wenn er Folgendes liest:

Above all climaxes Ruth dines.
Feel it in all tree-tops.
Chew mine too!
She's to screw a silence in the forest.

Wait alone Baltic!
Do you steam also?

Doch erst wenn man den Text wieder zurück ins Deutsche übersetzen läßt, zeigt sich die ganze Leistungsfähigkeit der Software. Das Ergebnis ist vom Original kaum zu unterscheiden. Nur an einigen wenigen Stellen wurde der Text leicht verbessert:

Oberhalb aller Orgasmen dinniert Ruth
Fühle es in allen Baumspitzen!
Kaue das Meinige genauso!
Sie muß eine Stille im Wald pimpern.
Warte alleine, Bewohner des Baltikums!
Dampfst du ebenfalls?

Und nun lesen Sie bitte noch einmal das vorangegangene Kapitel: Kollege Computer ist ein Null-Checker.

Programme II – Word don't come easy

Microsoft Word ist wohl das am weitesten verbreitete Textverarbeitungsprogramm und das häufigste Anwenderprogramm überhaupt. Als in grauer Vorzeit die erste Version von *Wor*d auf den Markt geworfen wurde – damals natürlich noch auf DOS-Basis – hatte der Benutzer ein Werkzeug an der Hand, mit dem er Text schreiben, ausschneiden und an anderer Stelle wieder einfügen konnte. Prima Sache.

Auch heute, viele viele Versionen später, kann man mit *Word* immer noch Text schreiben, ausschneiden und an anderer Stelle wieder einfügen. Allerdings braucht das Programm 100mal soviel Speicherplatz wie sein Urahne. Zugegeben, es gibt noch ein paar Funktionen mehr: Man kann Seitenränder einrichten, Schriftart und -größe festlegen, Absätze einrücken,

Tabulatoren setzen und Kopfzeilen einfügen. Aber auch das war mit der alten Version schon möglich.

Alle übrigen Funktionen, die *Word* heute so bietet, sind Spielerei und müllen unnötig die Festplatte voll. Warum muß man in *Word* unbedingt Grafiken bearbeiten können, wenn das auch in *Windows* (Zubehör: *Paint*) möglich ist und eh fast jeder ein zusätzliches Grafikprogramm installiert hat? Vermutlich haben die Software-Hersteller Angst, man könnte ein Programm der Konkurrenz benutzen. Um dies zu verhindern, machen sie die Dateiformate möglichst inkompatibel, so daß man sie in keiner anderen Anwendung öffnen kann und geben ihren Programmen dafür ein paar Zusatzfunktionen. Jede Grafikanwendung hat heute eine Textverarbeitungsfunktion und jedes Textverarbeitungsprogramm eine Grafikfunktion eingebaut. Irgendwann kann man wahrscheinlich mit jedem Programm alles machen. Das ist dann wie beim Fernsehen: Es gibt 500 Programme, aber alle senden den gleichen Mist.

Zurück zu *Word.* Schauen wir uns doch einige der Funktionen, mit denen es seinen Anwender so beglückt, mal etwas genauer an. Da gibt es etwa den *Office-Assistenten,* Karl Klammer, der sich bei jeder Gelegenheit klugscheißerisch mit tollen Tips zu Wort meldet. Bis man endlich herausgefunden hat, wie man das verdammte Ding ausschaltet, steht man kurz vor dem Nervenzusammenbruch. Wer das programmiert hat, gehört öffentlich geteert und gefedert.

Auch andere Spezialfunktionen bringen eher Verzweiflung als Verzückung. Richtig nervig sind z.B. Autokorrektur und Autoformat, die andauernd eigenmächtig Inhalt und Format ändern oder die Auto-Text-Funktion, die ständig völlig unproduktive Formulierungsvorschläge macht. Natürlich kann man das alles ausschalten. Aber wozu hat man dann 200 Penunzen für ein modernes Textverarbeitungsprogramm hingelegt?

Eine weiteres *Word*-Schmankerl hat an dieser Stelle eine saftige Rüge verdient: Die Ansichten-Inflation. «Seitenansicht», «Normalansicht», «Online-Layout», «Seiten-Layout», «Gliederung» und «Zentraldokument» – zwischen sechs Ansichten (sic!) kann man wählen und ständig gerät man durcheinander, weil man nicht weiß, in welcher man sich gerade befindet und was dort dargestellt bzw. nicht dargestellt wird. Wer um Himmels Willen braucht all diese Ansichten? Und wer hat bitte jemals die Ansicht «Zentraldokument» benutzt?

Als normaler User will man doch einfach nur sehen, was später auf dem Papier steht. Eine einzige Seitenansicht, die alles zeigt, würde genügen. Statt uns mit zig Varianten zu martern, hätten die Programmierer lieber ein paar Tools entwickeln sollen, mit denen man schneller zoomen und scrollen kann.

Eine weitere Frage drängt sich in diesem Zusammenhang auf: Warum ist die Seitenansicht in *Word* nicht unter dem Menüpunkt Ansicht zu finden, wie es jeder gesunden Logik entspräche. Warum versteckt sie sich in Dokument?

Und damit wären wir auch schon bei dem ergiebigen Thema *Word*-Menü-Leiste. Auch in der 14. Version wirft sie mehr Fragen auf als die Speisekarte in einem Thai-Restaurant: Warum befindet sich die Funktion «Seite einrichten» unter «Datei» und nicht unter «Format»? Warum heißt «Format» Format und nicht Layout? Warum muß man, wenn man Text in die Kopfzeile einfügen will, auf «Ansicht/Kopfzeile» und nicht auf «Einfügen» gehen? Usw. Vermutlich werden diese Fragen, über die wir uns hier unsere kleinen Schädel zerbrechen, auch in der nächsten Version nicht beantwortet werden.

P.S.: Zum Schluß wollen wir uns noch einen kleinen Spaß erlauben und den obenstehenden Text durch die großartige Funktion Auto-Zusammenfassen jagen. Die Länge des Exzerpts sollte 10% des Ursprungstextes betragen. Hier das Ergebnis:

Microsoft Word ist das am weitesten verbreitete Textverarbeitungsprogramm und das häufigste Anwenderprogramm überhaupt. Alle übrigen Funktionen, die *Word* heute so bietet, sind Spielerei und müllen unnötig die Festplatte voll. Zurück zu *Word.* Richtig nervig sind Autokorrektur und Autoformat, die andauernd eigenmächtig Inhalt und Format ändern oder die Auto-Text-Funktion, die ständig völlig unproduktive Formulierungsvorschläge macht. Phantastisch!

Programme II: Die Excellente Tabellenkalkulation

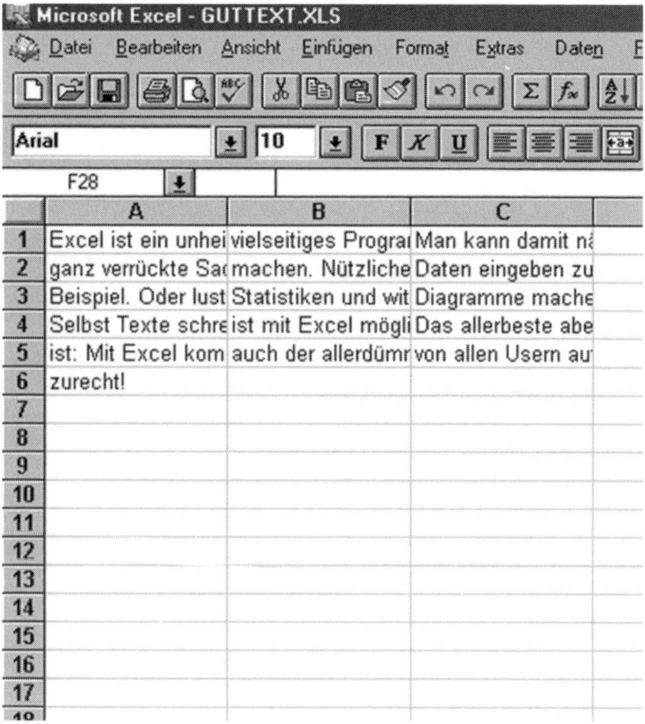

Programme III – Der Photoshop ist eine Edel-Boutique

Photoshop – das klingt nach einem dieser kleinen schnuckligen Geschäfte, an deren Theke eine in die Jahre gekommene Inhaberin in Kittelschürze Negative in Empfang nimmt, in Papiertüten gibt und ans Labor schickt. Doch der Name täuscht: *Photoshop* ist kein reizendes Relikt aus vergangenen Einzelhandelstagen, sondern eines der gemeinsten Programme der digitalen Gegenwart. *Photoshop* ist nicht mehr und nicht weniger als der Leichengräber der dokumentarischen Fotografie!

Wir alle halten Fotos in Zeitungen und Zeitschriften für dokumentarisch, haben also das Gefühl, daß sie mehr oder weniger das abbilden, was sich tatsächlich vor der Kamera-Linse abgespielt hat. Das war wohl auch so – zu Zeiten, als die Fotografie noch analog war. Heute hingegen pinseln sich die Art-Direktoren, Layouter und Bildredakteure mit ihrem *Photoshop* die Welt so schön, daß es schon wieder traurig ist: Wenn der Teeny-Star beim Foto-Termin einen dicken, roten Pickel auf der Nase hatte, wandert das Bild einfach mal eben in den Photoshop. Da heißt es: «Schwamm drüber!» und schon strahlt das Gör im butterzarten Teint eines Neugeborenen vom Bildschirm. Und wenn auf dem Fußball-Foto das Leder fehlt, weil es schon weit über der Tribühne segelte, als der Fotograf abdrückte – nun, dann wird die Kugel eben per *Photoshop* ins Bild geklebt.

So verlockend scheint die digitale Fotoretusche, daß sich neben den Fachmännern auch mehr und mehr Privat-User an das Programm wagen. Mit oftmals kläglichem Erfolg. Kein Wunder: Um mit *Photoshop* auch nur halbwegs erträgliche Resultate zu erzielen, muß man schon ein Doppelstudium in Lichtphysik und Farbenlehre absolviert haben. Und selbst dann hat man noch Probleme mit den hunderten und tausenden von Möglichkeiten, Fotos auf- und abzuhellen, weichzuzeichnen und nachzuschärfen, abzuwedeln und nachzubelichten, mit Objekten zu versehen, durch zusätzliche Ebenen zu bereichern, mit Strukturen zu überlagern und durch Effekte zu verfremden, sie mit Wischfingern und Abwedlern zu traktieren, sie durch bikubische Interpolationen zu verfeinern und schließlich durch Störungsfilter wieder zu vergröbern, sie zu rotieren und zu autotonwertkorrigieren, in CYMK hin und RGB wieder rückkonvertieren und schließlich als animated GIFs zu exportieren und im JPEG-Format/Qualitätsstufe 10 (maximal)/Baseline (Standard) abzuspeichern. Uffff!

Leider verspielt sich der Großteil der Nach-Feierabend-am-Computer-Kreativen in den vielen Formen und Effekten, so daß all ihre fröhliche Schöpferkraft oft genug zu den traurigsten Ergebnissen führt *(Computerkunst ist eine Zumutung)*. Zu den schlimmsten Ausmaßen von falsch verstandener Gestaltungsfreude kommt es meistens nur deshalb nicht, weil die Hardware die meisten User irgendwann in ihre Schranken verweist. So ein einziger 15-Zoll-Monitor, auf dem sich auch noch all die sperrigen *Photoshop*-Paletten breit machen, erfordert nun mal ein elendes Hin- und Hergeschiebe der rangezoomten Bilddatei.

Hinzukommt, daß *Photoshop* ein wahrer Nimmersatt ist, was die Arbeitsspeicher- und Prozessorkapazität des Computers angeht. Der PC für den normalen Heimanwender, der *Photoshops* Ressourcenhunger restlos stillen könnte, muß erst noch geboren werden. Bis dies soweit ist, läßt der Durchschnitts-PUPS lieber seine Fingerchen von solch exotischen Filtern wie «Farbpapier-Collage». Bearbeitungszeiten von eineinhalb Minuten auf einem schnellen Pentium-III-Rechner machen einfach keine gute Laune. Im Gegenteil – wie sagten die 80er-Jahre-Spontis immer?: Was lange währt, wird endlich Wut – was nicht heißen soll, daß Sie Ihre Daddelkiste gleich aus dem Fenster kippen sollen! Beherzigen Sie lieber unseren Expertentip und greifen Sie zum Filter «Ölfarbe getupft». Der sieht ähnlich beknackt aus wie «Farbpapier-Collage», nimmt den Rechner aber nur einen Bruchteil der Zeit in Anspruch!

DER COMPUTER UND DIE FREIZEIT (I) – DAS INTERNET

Chatten, Surfen, e-mails lesen – das klingt alles ganz nett und verheißungsvoll. In der Tat: Manchmal lebt sich's ganz nett – in und mit dem Net. Oft genug aber vergeht dem User der Spaß am Netz der unbegrenzten Möglichkeiten. Spätestens dann, wenn es einmal wieder Stau gibt auf dem Datenhighway und nichts mehr geht. Also ständig. Auch die vielen Werbe-«Blöcke» auf den Seiten nerven. Es ist schon dreist, mit welcher Hemmungslosigkeit die Werber ihre «Netze» nach uns auswerfen!

Über die vielen Schmuddelecken kann man ja durchaus geteilter Meinung sein ;-), aber wenn einem beim Online-Banking von bösen Mächten die Geheimnummer abgegriffen wird, wenn man sich über eine e-mail einen hinterhältigen Virus eingefangen hat, dann hat man auf jeden Fall verloren. Und Online-Banking? Das ist ja wohl ohne jeden Zweifel riskanter als Seiltanz – ohne Netz (und doppelten Boden).

BIN ICH ENDLICH DRIN?

Traurig blickt der PUPS eines Samstagvormittags über den Bildschirm seines Computers hinweg auf die dahinterliegende Wand. Er fühlt sich mindestens so leer wie deren 2 x 4 Meter bilder- und schmucklose Rauhfaser-Tapete. Arbeiten am Computer – das ist einfach nicht sein Täßchen Tee! Nee, nee, seine Briefe hat er immer noch schneller mit der Hand als mit

Word geschrieben, seine Statistik noch fixer mit dem Rechenschieber als mit Excel gemacht. Und Zeichnen läßt sich mit der menschlichen «Flosse» auch allemal besser als mit Maus und Photoshop!

Aber wer sagt denn eigentlich, daß der PUPS mit seinem Rechner arbeiten muß? Das, was ihn seinerzeit zum Kauf trieb, war ja eher der Hobby-Effekt der Daddelkiste. Damals in jener schicksalsschwangeren Nacht, in der er vom Computerlosen zum PUPS mutierte, da hatte er seine Freunde ja nicht um ihre tollen Arbeitsgeräte beneidet. Ihre digitale Freizeit hatte es ihm angetan. An ihr wollte und will der PUPS teilhaben. «Also, rein ins Netz der Netze und mitgemischt im großen, weiten Cyberspace!» – zum ersten Mal seit Wochen huscht wieder ein Lächeln über das Gesicht des PUPS.

Doch leider ist das Lächeln nicht von langer Dauer. Im Gegenteil: Es ist ziemlich schnell und ziemlich jäh zu Ende. So abrupt in etwa wie das genüßliche Grinsen eines Veganers, der, kaum daß er den ersten Bissen im Mund hat, bestürzt feststellen muß, daß der vermeintliche Tofu-Burger vor ihm in Wahrheit eine ordinäre Leberkäs-Semmel ist. «Was für eine RiesenSCHWEINerei!» steht dem PUPS denn auch auf die Stirn geschrieben, als er später bei TipTop in der Computer-Abteilung vor einem 16jährigen, pickligen Azubi steht, um sich «das mit dem Internet» mal ein wenig näher erklären zu lassen.

PUPS: Dann haben Sie mich damals also verdammt rein gelegt, als ich meinen Computer bei Ihnen gekauft habe, ja?

AZUBI: Also so können Sie das echt nicht sagen, Herr …, Herr …

PUPS: PUPS!

AZUBI: PUPS! Sehen Sie, wir haben Ihnen damals ein

echt erstklassiges Bundle zurecht gemacht: Prozessor der Spitzenklasse, galaktischer Arbeitsspeicher und 1a Komponenten. Das Ganze für luftige 2000 Mark! Also, wenn das mal kein hammerharter Preisknüller war, dann ...

PUPS: Ja, ja, schön und gut. Aber trotzdem: Sie haben mir mein Bündel falsch geschnürt. Ich habe ja gar kein Internet.

AZUBI: Aber, aber. Nun mal ganz langsam, Herr PUPS. Natürlich hätten wir Ihnen Ihren PC damals mit Internetanschluß verkaufen können. Aber dann hätten Sie das Online-Bundle nehmen müssen.

PUPS: Ja und?

AZUBI: Ja und, das heißt, Sie hätten sich für volle 24 Monate als K.O.L.-Mitglied verdingt. Ist doch voll kraß, oder?

PUPS: Ja aber, Sie sagen doch, ich brauche auf jeden Fall einen Provider, wenn ich ins Internet will ...

AZUBI: Ja, da haben Sie den Nagel vollkommen auf den Kopf getroffen, Herr PUPS! Und ich persönlich kann Ihnen K.O.L. wirklich wärmstens empfehlen. Die haben wirklich hyperschnelle Einwahlknoten und einen megamäßigen Service. Und unser 24-Monate-Packet, das ist echt, also das ist echt ein Schnäppchen!

PUPS: Wie? 24-Monate-Packet? Hätte ich da nicht gleich den ...?

AZUBI: Ah iwo! Wo denken Sie hin? Sehen Sie, mit dem Online-PC wären Sie einen echt fiesen Knebelvertrag eingegangen. Davor wollten wir Sie natürlich unbedingt bewahren. Aber jetzt ...

PUPS: Jetzt soll ich mich ja ebenfalls für 24 Monate verpflichten. Das ist doch genau das gleiche in grün!

AZUBI: Absolut nicht, Herr PUPS. Das ist doch was voll kommen anderes: Sehen Sie, wenn Sie jetzt das 24-Monate-Packet nehmen, dann verpflichten Sie sich sozusagen freiwillig. Und außerdem wenn Sie sich jetzt sofort entscheiden, dann bekommen Sie noch diesen rattenscharfen Kick-Roller dazu! Ist das nicht ein Ding, Herr PUPS? … Oder nicht? … Oder? … Aber, hallo! … Herr PUPS? … Hallo, Herr PUHUPS! … Hören Sie mich?

Ganz offensichtlich nicht. Unser guter PUPS liegt zusammengekauert auf den spiegelglatten Steinplatten des TipTop-Tempels, dunkles, dickes Blut tropft ihm aus dem Ohr. Es wird noch eine ganze Weile dauern, bis er sich wieder erheben und mit dem 24-Monate-Packet von K.O.L. den Laden verläßt – zu Fuß, auf das rattenscharfe Kickboard hat er dankend verzichtet!

Als der PUPS zu Hause ankommt, ist es bereits dunkel. Er fühlt sich reichlich schlapp, der pochende Schmerz im rechten Ohr ist kaum abgeklungen. Aber er will es jetzt wissen, der PUPS, und so setzt er sich an seine Shila PIII/900 und spielt ihr die Zugangs-Software für K.O.L. auf. Er ist ja jetzt nicht mehr ganz so ungeschickt und kriegt die Installation halbwegs hin. Gut, für die manuellen Suche nach seinem Modem braucht er eine halbe Stunde und die Entscheidung für Puls- bzw. Tonwahl fällt auch nicht von jetzt auf gleich. Dafür erspart sich der PUPS inzwischen aber immerhin die Zeit für das Durchlesen des Lizenzvertrages zur Browsersoftware. Und ob man es glaubt oder nicht, irgendwann ist es soweit: Ein letzter Neustart und der PUPS ist im Netz der Netze. Endlich! Ein Bürger des Netzes, ein Netizen auch er!

Zu doof nur, daß es jetzt schon halb elf Uhr abends ist und der PUPS so furchtbar fertig. Mit blutverkrusteten Ohren und vor Müdigkeit zugeschwollenen Augen macht eben nicht einmal das Internet mehr Spaß. Also läßt der PUPS das Surfen durch den Cyberspace und schlurft ein Zimmer weiter nach Bettenhausen, Federallee – noch ein wenig die Glotze an, der einschläfernden Berieselung wegen und dann einfach wegratzen … «Bin ich schon drin?» fragt gerade der onlinegeile, rotschopfige Ex-Filzball-Spieler aus Leimen vom Bildschirm herab, als der PUPS mit einem erleichterten Seufzer das weite Reich der Träume betritt.

Wir kriechen in die Zukunft

Die aktuellen Verkehrsdurchsagen für das Internet:

Auch heute heißt es wieder «www» – weltweit warten. Auf den Datenschnellstraßen herrscht seit 18.00h fast überall zähfließender Verkehr. Grund: Überhöhtes Verkehrsaufkommen und langsame Übertragungsraten. An einigen Portalen muß mit bis zu einer Viertelstunde Wartezeit gerechnet werden. Das Aufrufen einzelner Websites kann sich um mehrere Minuten verzögern.

Datenautobahn. Die Suchmaschine Yahoo ist völlig überlastet. Bitte wiederholen Sie ihre Suchanfrage um vier Uhr morgens oder schauen Sie einfach in den Brockhaus.

Information-Highway. Im Mailcenter von GMX ist eine Mailbombe hochgegangen. Der Server ist daraufhin ausgefallen. Bis die Bergungsarbeiten abgeschlossen sind, wird der Mailbetrieb eingestellt. Um die Situation nicht zu verschlimmern, bitten wir Sie, von der minütlichen Abfrage Ihrer Mails abzusehen.

Datenautobahn: Bitte achten Sie auch darauf, daß an den Modemzugängen 17, 18 und 19 des FTP-Servers der TU Berlin eine generelle Geschwindigkeitsbegrenzung von 19200 bps gilt. Bewahren Sie Ruhe und verlieren Sie nicht die Nerven.

Datenautobahn: Auch bei Hotmail kommt es zu Verzögerungen. Hier ist die Fahrbahn durch 1 GB Datenmüll aus mehreren umgekippten Junkmails blockiert. Eine Vollsperrung in beide Richtungen wurde eingeleitet. Mit einem größeren Datenjam ist zu rechnen.

Information-Highway: Zwischen Knotenpunkt 114 und 116 ist eine größere Zahlenkolonne unterwegs, die nicht überhohlt werden darf. Hierdurch reduziert sich die Übertragungsrate von 57000 bps auf 11000 bps. Beim Download muß mit erheblichen Verzögerungen gerechnet werden. Beißen Sie nicht in die Maus und vermeiden Sie es, den Bildschirm einzutreten.

Information-Highway: Achtung Surfer. Zwischen Knotenpunkt 234 und 235 kommt Ihnen eine Geistermail entgegen. Sie benutzt eine fremde Identität und hat einen Virus geladen. Lassen Sie die Geistermail nicht in Ihren Computer und öffnen Sie auf keinen Fall den Anhang.

Wir wünschen Ihnen trotz allem einen guten Anschluß an den Informationsfluß und ein erfolgreiches Weitersurfen.

... Gerade erreicht uns noch eine Eilmeldung: Vor der URL www.playboy.com hat sich ein großer Hormonstau gebildet. Bitte umsurfen Sie den Bereich weiträumig und weichen Sie auf die Alternativseiten www.hustler.com und www.penthouse.com aus!

Das Netz ist eine Kloake

Das Internet ist eine einzige Kloake, eine Senkgrube, randvoll mit Homepages, deren Inhalt den bescheidensten Intellekt beleidigt, deren Design noch das erblindete Auge verletzt. Schlimm sind die Sites mancher Firmen, in Eile und lieblos dahingerotzt. Schlimmer noch sind die Sites mancher Privatleute, in langer «Feierabendarbeit» und mit viel Liebe und Sorgfalt zusammengebastelt. Zu Zigtausenden verschmutzen sie das Netz. Kein Wunder: In Zeiten, in denen Web-Editoren zu Programmen für die breite Masse geworden sind, in denen man sogar mit dem Browser selbst und gar dem Textverarbeitungsprogramm Homepages basteln kann, fühlt sich jeder Heinz bemüßigt, von seinem verbrieften T-Online-Recht Gebrauch zu machen und eine persönliche Site ins Netz zu stellen.

Da stehen sie dann und stinken mit ihren aus den verschiedensten Vorlagen und Versatzstücken zusammengestückelten Designs den von widrigen Winden abgetriebenen Surfer voll. Sie haben meist schrundige Karo- oder Rautenmuster als Hintergrund oder – besonders eklig – ein unscharfes, schlecht aufgelöstes Familienfoto. Die Links zu den untergeordneten Seiten bestehen in der Regel aus vom Programm vorgebenen Schaltknöpfen, deren professionelles Styling einen schreienden Kontrast zum amateurhaft zusammengefrickelten Rest der Seite bildet. Fast schon wieder witzig ist in diesem Zusammenhang der auffällig gestaltete Copyrighthinweis unten auf der Seite: © by Anton Löblein. Als ob sich jemand an diesem Design vergreifen würde!

Je schlechter das Styling, desto härter der Inhalt: Dieses Mantra der professionellen Porno-Seitenanbieter scheinen sich auch die Privatseiten-Bauer zu eigen gemacht zu haben. Oder was soll man zu einer Homepage sagen, auf der Väter unter der Rubrik «meine Familie» ihre in die Jahre gekommenen Töchter mit prallem Foto im Scheitel-bis-Möpse-Format und dem Hinweis «meine Tochter Daniela, 32 Jahre, Fleischwaren-Fachverkäuferin, ledig» abbilden?

Ganz schlimm sind die Selbstauskünfte, die so mancher publicitygeile Netizen der webweiten Öffentlichkeit gibt. Daß

Anton Löblein von Beruf Handelsvertreter für Auslegware und Gardinen ist, müssen wir da lesen. Und – Schmerz laß nach! – in seiner Freizeit wandert er mit den Dettelheimer «Zugvögeln» durch Unterfranken oder bläst mit der Freiluft-Blaskapelle «Maingau e.V.» die unschuldigen Fensterscheiben fränkischer Fachwerk-Häuschen entzwei. Und dann und wann rückt er mit der freiwilligen Feuerwehr von Dettelheim aus, um die Stallungen des ortsansässigen Geflügelzüchtervereins oder ähnliches zu löschen. Und wenn er das nicht tut, dann verzieht sich Anton Löblein in den Hobbyraum im Keller seines Hauses, um an seinem Lebenswerk, dem Weichbild des mittelalterlichen Dettelheim, weiterzuarbeiten. Immerhin: Der wöchentliche Update seiner Homepage verrät uns, daß er inzwischen schon Streichholz Nr. 49341 verbaut hat!

Unerträglich sind auch die Gästebücher, die auf solchen Homepages «ausgelegt» werden. Sie bestehen zwar jeweils nur aus einer Handvoll Einträgen, aber diese haben es in sich. «Hallo lieber Gerd mit Familie», steht dort beispielsweise. «Damit mal wieder ein Mail auf Deiner Hompage eingeht, entsenden ich und meine Frau euch liebe und nette Grüße aus der Weltstadt Lindelburg. Bis bald. Alles Gute nach Dettelheim!!!» «Und dir eine gute Nacht!», möchte man hinzufügen, bevor man sich seufzend von der Site klickt. Daß man kurz vor dem endgültigen Abschied von der Homepage rechts oben in der Ecke den Hitcounter entdeckt, kann nur ansatzweise beruhigen. Immerhin, der Hinweis «Sie sind Besucher Nr. 19 seit 14.07.1993» läßt Hoffnung keimen!

Diese wird natürlich schon auf der nächsten Site im Keime erstickt. Auf unserer heiteren kleinen Cyber-Reise von einem virtuellen Hundehaufen zum nächsten sind wir nämlich unversehens auf der Homepage eines der weltgrößten Kameraherstellers angelangt. Der legt uns doch neben seiner umfangreichen Produktpalette besonders seine Fototips ans

Herz. Der schnelle Weg zum besseren Foto ist randvoll mit Hinweisen zum Fotografieren in schwierigen Situationen. Uns interessieren natürlich besonders die fettrot aufgemachten Neuheiten. Wir klicken an und landen auf einer Seite mit der Überschrift «Fotografieren unterm Weihnachtsbaum». Verwundert gucken wir auf den Kalender an der Wand, dann auf den Bildschirm zurück. Dann wieder auf den Wandkalender und den Bildschirm zurück. Nach ca. fünf Minuten fahren wir mit einem wehmütigen Seufzer den PC herunter und machen uns an einem sonnigen 3. August zu einem ganz realen Spaziergang durch den Stadtpark auf. Vergnügt marschieren wir von einem ganz realen Hundehäufchen zum nächsten. Herrlich!

Von einem, der auszog, eine Seite zu finden und das Fürchten lernte

(A tribute to Kalkofe's «Onkel Hotte»)

Es war einmal ein kleiner Surfer, der wo ziemlich dümmelich gewesen sein tut. So naiv war der, daß er ständig freiwillig ins Netz ging. Dort begebte er sich auf die abenteuerliche Suche nach einer kleinen Seite. Keine Straßenseite und keine Gitarrenseite, sondern eine Webseite wollte er finden. Ha ha, der leichtgläubigliche Kerl! Da hatte er seine Rechnung aber ohne den Host gemacht!

Kaum schicktete der Surfer sich nämlich an, eine Adresse in seinen Brauser hineinzugeben, da blinktete ihm auch schon ein «Unknown URL» entgegen. «Mist!», entfuhrte es dem Surfer: «Ich wollte doch gar nicht zu ‹Url›, sondern zu ‹Playboy›».

Also gab er die nächste Adresse hinein. Doch ach, oweh, wieder kömmten keine kurvigen Mädels daher, sondern nur eine eckige Schrift: «site not found».

Leckomio, schumpf der Surfer und klöpfte eine dritte Adresse in sein Schlüsselbrett. Doch ein weiteres mal tat ihm ein Schriftzug spöttiglich entgegengrinsen: «Site has moved. Please go to: http://www.babesupermarketland.com/XXX/girls/naked/longlegs/rita/aök_jöelj/%ahjh-sgs^^/kjase/hnör**/abpiaerpiubgajkfökajdf»

Der Surfer tat wie ihm befohlen und tippte wie ein Vizeweltmeister. Doch was mußte er da lesen: «Site not found». Versehentlich hatte er "http:/www.babesupermarketland.com/XXX/girls/naked/longlegs/rita/aök_jöelj/%ahjh-sgs^^/kjase/hnör**/abpiaerpiubgajkfökajdf" eingegeben.

Aller guten Dinge sind drei, schwörte sich der Surfer, der viel zu spitz zum Zählen war und hackte eine vierte Adresse in sein Schlüsselbrett. Heissa! Da funkeltete doch tatsächlich ein fröhliches «Seite wird geladen» in seinem Brauserfenster. Als die Seite nach einer Viertelstunde endlich geladen gewesen war, bekam der arme Surfer aber immer noch keine Nackedeis, sondern nur ein Bild von einem angezogenen Klempner und den Hinweis «Under construction».

In seiner Verzweifelung schleichte der Surfer zu einer weisen Suchmaschine, um sie um Rat zu frägen. «Suchbegriff eingeben», befahl diese und brav tippte der Surfer «Möpse» in das Eingabefeld. Und siehe da oder dort: schon listetete das heiße Gerät 12.498 Einträge auf. Yahoo! rufte der Surfer und klicktete auf den ersten Link. Simsalabimbambasaladusaladim, wie durch ein Wunder … kam er auf eine Seite für Hundezüchter.

Das frustror den armen, dummen Surfer so sehr, daß er sich ein Breitbandkabel nahm und sich schnurstracks daran aufhing. Und wenn er gestorben ist, dann hänget er da noch heute, denn Surfer haben leider keine Freunde mehr, die nach ihnen gucken tun.

Der Download

Die Möglichkeit, Dateien aus dem Internet herunterzuladen, ist eine rundum feine Sache. Der Download ist die unbestritten bequemste Art und Weise, an ein Programm-Update heranzukommen oder sich ein Computer-Spielchen auf den heimischen PC kommen zu lassen. Auch muß man, um sich einen erotischen Single-Abend zu gönnen, seit dem Anbruch des Internetzeitalters nicht mehr den nervenaufreibenden Gang in die Videothek antreten. Kein verlegenes Anstehen an der Ausgabe mehr, kein schmerzhaft-peinlicher Blick Richtung Tür: Kommt da einer, der mich kennt? Nein, einfach ein beherzter Klick auf «dicke_möpse.mpeg» und schwupps kommt die pralle Ilona aus dem Cyberspace heruntergebrowst und wackelt mit ihren strammen Hupen über den heimischen Desktop – vorausgesetzt natürlich, man stellt sich nicht so dumm an wie der User im vorigen Abschnitt.

Besonders angenehm ist, daß das Herunterladen von Dateien aus dem Netz nicht nur bequem, sondern oft genug auch noch kostenlos ist. Bilder, Töne, Viren – das alles kommt jetzt gratis ins Haus! Besonders erwähnenswert sind in diesem Zusammenhang die Musikdateien, die seit Einführung des MP3-Formates geradezu prädestiniert sind für den schnellen Download aus dem Netz – sehr zum Leidwesen der großen Labels, mindestens ebenso so sehr zur Freude einer stetig wachsenden Zahl von MP3-Hörern.

Das einzige doofe am Herunterladen – um das jetzt der Vollständigkeit halber auch mal zu erwähnen – ist, daß man jedes Mal gerade bei 98 Prozent ist, wenn der Download abbr

Werbers Dreistigkeit kennt keine Grenzen

Schauen Sie sich diese Buch-Seite einmal genau an. Was sehen Sie? Richtig: ein aufgeräumtes, weißes Stück Papier mit einem ordentlichen tiefschwarzen Text darauf. Genau das, was sie wollten. Und kein bißchen mehr. Jetzt stellen Sie sich diese Buchseite mal als Website vor! Der komplette obere Rand wird von einer fetten Bannerwerbung eingenommen. Ihre kreischenden Farben schmerzen das Auge. Ihr grell-aggressives Blinken, ihr fieser Leuchtreklamen-Effekt macht das Hirn nervös, lenkt aufs gemeinste vom Lesen ab. Autofahren in Las Vegas könnte nicht schlimmer sein!

Apropos vom Lesen ablenken: Den Text, den Sie tatsächlich lesen wollen, würden Sie gar nicht so schnell finden. Sie müßten sich schon auf der Seite ganz nach unten durchscrollen, an all den restlichen Anzeigen und den endlosen «Please-visit-our-sponsor»-Links vorbei. Richtig, irgendwann kommt da etwas mehr oder weniger Lesenswertes. Allerdings sind es meist nur wenige Zeilen, dann fordert Sie ein Link mit den Worten «bitte weiterblättern» zum Anklicken auf. Sie tun es – natürlich in der Erwartung, unverzüglich auf der nächsten Seite des Online-Dokumentes zu landen. Nun, Zeit ist eine sehr relative Empfindung und der Begriff «unverzüglich» folglich auch. Aber wir sind uns sicher, daß weder wir, noch Sie, noch sonst wer das Wort «unverzüglich» in den Mund nehmen würde, wenn er bleim Blättern von der einen auf die andere Seite eines Internet-Dokumentes eine geschlagene Minute warten muß, bis der neue Text vor ihm steht. Und leider dauert das Umblättern oft noch um einiges länger – die Banner- und sonstige Werbung für die neue Seite muß sich ja erst aufbauen.

Wobei man, ehrlich gesagt, noch Glück hat, wenn man nach all der Warterei tatsächlich auf der entsprechenden Seite landet und nach etwas Scrollen seine Lektüre fortsetzen kann. In letzter Zeit – und ganz besonders in den Schmuddelecken des Netzes – werden nämlich sogenannte Pop-ups immer beliebter. Dabei springen beim Klick auf den Link zur vermeintlich nächsten Seite unzählige neue Browser-Fenster auf, die sich dann – jedes für sich – quälend langsam laden – Sie wissen ja: die unzähligen Werbe-Bildchen ... Das fiese ist: Man verliert völlig den Überblick darüber, welches Fenster jetzt das richtige, das eigentlich gesuchte ist. Noch fieser: Wenn man es endlich festgestellt hat und die falschen Pop-ups wegklicken will, öffnen sich diese blitzschnell wieder neu. Man fühlt sich wie Odysseus beim Kampf gegen die Hydra: Kaum ist ein Kopf ab, wachsen zwei neue nach!

Bannerwerbung und Pop-ups haben eines gemeinsam: Sie funktionieren nur, wenn der User selbst irgendwie aktiv wird und sich auf entsprechende Seiten klickt. Was er natürlich immer seltener tut, je mehr er mit aggressiver Werbung zugemüllt wird. Die Werbewirtschaft hat auch hiergegen ein Mittelchen entdeckt. Sie wird selbst aktiv, sie kommt zu Ihnen nach Hause! Das tut sie, indem sie Werbe-e-mails, in der Szene auch Spam-mails genannt, verschickt. Zwar bemühen sich einige Internet-Provider, Ihre Kunden mittels verschiedener Mail-Filter vor der Werbeflut aus dem Netz zu bewahren, die meisten haben damit allerdings wenig Erfolg. Vor digitalen Postwurfsendungen ist der Mensch genauso wenig gefeit wie vor realen.

Das so ziemlich perfideste Instrument der Werbewirtschaft ist der sogenannte Cookie *(Cookies sind Süßigkeiten mit Zahnschmerzgarantie)*. Die Apologeten des Neuen Marktes sagen, Cookies kämen dem User zugute. Weil mit ihrer Hilfe Web-Inhalte auf den User zugeschnitten werden können. Damit haben sie Recht. In etwa 1% der Fälle. In den restlichen 99% geht es einzig und alleine darum, mit hinterhältigen und undurchschaubaren Methoden persönliche Daten zu erheben und für die schnöde Geschäftemacherei auszunutzen. Allein daß so ein Cookie unbemerkt auf die Festplatte kommt, ist frech, daß man es davon gar nicht mehr runterlöschen kann, ist schlichtweg unverschämt. Glücklicherweise kann man sich mit neuen Browsern inzwischen vor Cookies warnen lassen und die Annahme dieser «Kekse» (so die deutsche Entsprechung des reichlich euphemistischen englischen Ausdrucks) verweigern. Man sollte es unbedingt tun! Haben uns unsere Großeltern nicht schon damals am Sandkasten davor gewarnt, von Fremden Süßigkeiten anzunehmen?

Langer Rede kurzer Sinn: Das Internet ist umsonst. Aber zu welchem Preis!? Zum Preis unsäglicher Werbefluten, die dem User mit immer größerer Dreistigkeit um die Ohren gehauen werden. Seien Sie also froh, daß Sie dieses witzige Bändlein nicht im Internet lesen müssen, sondern es in Buchform und damit vollkommen werbefrei genießen können.

P.S.: Übrigens: Im Rake-Verlag sind von uns bzw. einem von uns noch die Bücher «101 Gründe, Kein Auto zu fahren» und «(K)ein Urlaub in Italien» erschienen. Wir können Ihnen die beiden Titel nur wärmstens empfehlen!

In allen vier Ecken … tut Sex drin strecken

Wenn man es nicht besser wüßte, man müßte annehmen, das Internet sei von der internationalen Porno-Industrie ins Leben gerufen worden. So randvoll ist das Netz von den Produkten und Angeboten der Erotik-Dienstleister, daß wohl jeder User nach einer halben Stunde Surfen an mindestens einem halben Dutzend prallbusiger JPEGs vorbeigekommen ist. Und die ganzen Links erst! Wie die Sirenen stehen die kesseblondinen.com am Rand der Fahrstraße und locken den arglosen Surfer in seichte, von Klippen und Untiefen durchsetzte Gewässer. Soweit ist es inzwischen schon gekommen mit der allmächtigen Internet-Pornokratie, daß selbst die Online-Ausgaben gediegener Illustrierter wie «Stern» eine «Erotik»-Ecke haben. Und sogar biedere Internetkataloge wie Lycos glänzen mit einer Soft-Porn-Abteilung.

So schmuddelig ist das Netz inzwischen, daß man Kinder schon nicht mehr guten Gewissens surfen lassen kann und ihnen deswegen ein Programm vorschalten muß, daß die anzüglichen Seiten herausfiltert. Schön und gut – zumindest, was die Kleinen betrifft. Aber kommt dieses vollautomatische die-Guten-ins-Töpfchen-die-schlechten-ins-Kröpfchen-Prinzip auch für den erwachsenen Menschen in Frage? Kann es wahr sein, daß sich ein mündiger Surfer von einer Software namens *Net Nanny* die Seiten heraussuchen läßt, die er lesen darf? Wohl kaum! Aus Prinzip nicht und – nun ja, manchmal hat man ja auch regelrecht Lust auf so ein kleines bißchen Online-Möpse-Gucken. Oder nicht?

Zumindest unserem PUPS geht es manchmal so. Wie sollte er ihnen auch wiederstehen, den dreisten Verlockungen des Netzes? Randvoll ist es von erotischem Zeugs. Bilder, Texte, Videos, soweit das Auge reicht – und in sämtlichen Geschmacksrichtungen: von obersoften, mit langen Zöpfen spielenden Wäsche-Models bis zu peitscheschwingenden Hardcore-Dominas ist im Internet alles zu haben. Versprechen zumindest die Links, die auf die entsprechenden Seiten führen. Und tatsächlich die Fotos, die er auf den Startseiten sieht, lassen dem PUPS ganz ordentlich das Messerchen in der Hose aufgehen. Nur etwas mickrig sind die Bilderchen, die saftigen Details sind nicht so recht zu erkennen. Aber was für ein Glück: «Click to enlarge» steht unter dem Bild. Nichts wie drauf mit der Maus und reingeklickt ins irdische Vergnügen!

Spitz wie Lumpi wartet der PUPS, daß sich die neue Seite aufbaut. Es dauert und dauert, schließlich müssen ja erst die

Werbebanner geladen werden *(Werbers Dreistigkeit kennt keine Grenzen)*. Aber irgendwann ist es dann doch soweit und mit vor gnadenloser Begierde hechelnder Zunge blickt der PUPS auf ein Online-Formular. «Bitte geben Sie Ihre Kartennummer ein!» heißt es da und «preisbrünstige 59,99 DM im Monat!» steht weiter unten. Schnell klappt da dem PUPS das Messerchen in der Hose wieder ein und frustriert zieht er den Stecker seines Computers aus der Dose. Von wegen fröhliches Eierschaukeln im Internet!

Surfen macht süchtig

Von Web-Enthusiasten hört der PUPS immer wieder begeisterte Vorträge über die ungeheuren kommunikativen Möglichkeiten, die einem das Internet eröffnet:

«Sachen kann man da machen, das ist der blanke Wahnsinn. Zum Beispiel kann man zu mehreren in einen Raum gehen, Chat-Room, wie wir das nennen, und da kann man sich dann unterhalten … übers Wetter oder so. Außerdem kann man übers Internet jederzeit auf alle Informationen der Welt zugreifen. Zum Beispiel kann man nachts um drei aufstehen und die aktuellen Pegelstände der zehn größten Seen in Tadschikistan abfragen – wenn man mag. Das ging vor zweihundert Jahren noch nicht. Kaum vorstellbar, wie die Menschen damals überlebt haben. «

An diesen ungeheuren Möglichkeiten liegt es wohl, daß inzwischen viele Menschen regelrecht online-süchtig sind und sich aus dem wahren Leben angewidert zurückziehen. Vor einiger Zeit hat der PUPS z.B. eine Mail von seinem netzbegeisterten Freund Frank bekommen:

… mannomann, ich geh echt selten aus meim zimmer. eigentlich nur zum pinkeln. aber jedes mal treff ich da so 'ne alte frau. scheiße, ist die nervig! **:-(**

die lauert immer schon und kaut mir dann stundenlang das ohr ab. lauter blödes Zeug übers wetter oder so. heute wollte sie mir schon wieder ein gespräch reindrücken. aber ich sofort abgeblockt: keine Zeit – muß zu meim wetter-chat **;-)**
da hat sie geglotzt, die alte! **:-o**

Die alte Frau ist seine Oma, bei der er mit 29 immer noch wohnt und die ihm das Essen unter der verschlossenen Zimmertüre durchschieben muß (deshalb gibt es bei Frank immer nur Pizza). Drei Wochen nach der obigen Mail hat der PUPS mal bei Frank nachgefragt, wie's der alten Dame denn so geht.

Franks Antwort:
keine ahnung. hab sie schon lang nicht mehr getroffen. aber es riecht son bißchen komisch aus ihrem zimmer **:-P**

Tja so ist das. Während es früher ein soziales Netz gab, das uns auffing, gibt es heute das Internet. Dort ist eine Gegenrealität entstanden, die ihren eigenen sozialen Gesetzmäßigkeiten folgt. Wer nicht drin ist, ist dran.

Nach einer Studie surft und chattet bereits ein großer Teil der Online-Anhänger wie Frank unter suchtähnlichem Zwang. In der Zeitschrift *Die Woche* wurde das folgendermaßen formuliert: »Sobald sie sich durchs Bildschirmfenster ins virtuelle Jenseits saugen lassen, erfaßt ihr geistiger Sextant die Koordinaten des Diesseits nicht mehr: Zeit und Raum, Wahrheit und Lüge, Haupt- und Nebensache. Sie stöbern bis zum Morgengrauen in Datenbanken – und verschlafen Geschäftstermine. Sie flirten mit einem Bildschirmgegenüber am anderen Ende der Welt, derweil das *reale* Gegenüber im Nebenzimmer harrt. Sie zappen sich, Nacken gebeugt, Handgelenke verdreht, die Augen matt, dumpf von Web-Site zu Web-Site – und die Gebührenuhr rattert.«

Psychologen fühlen sich durch die Netzmanie an Spielsucht oder Alkoholismus erinnert: Beziehungsprobleme, Konzentrationsschwäche, Verlust des Zeitgefühls und sogar Entzugserscheinungen wie innere Unruhe oder Schlaflosigkeit sind die Symptome. Es gibt bereits Selbsthilfegruppen, die das Problem nach Vorbild der Anonymen Alkoholiker behandeln -- natürlich online.

Künftig werden sie wohl großen Zulauf bekommen, denn mit der digitalen Revolution erobert das Internet zunehmend unser gesamtes Alltagsleben. Und die Prägung beginnt bereits in jüngsten Jahren. Für viele Kinder muß heute der Computer «Au-Pair» spielen. Früher schickten Eltern ihre ungeliebten Sprößlinge ins Internat – heute ins Internet.

Mehl in der Box

Digital ist hipp. Dieses Credo des noch frischen 21. Jahrhunderts gilt inzwischen für so ziemlich jeden Lebensbereich, nicht zuletzt für den Briefverkehr. Briefe schreiben war gestern. Heute ist e-mail-Tippen angesagt. Schnell, unkompliziert und billig werden die dringenden Zeilen an den Geschäftspartner in Übersee, die Liebsten zu Hause, den Kollegen am Schreibtisch gegenüber in die Tasten gehauen und verschickt. Ruckzuck schwirren sie durch die Leitung und sind schon Minuten später auf dem Schirm des Adressaten zu lesen.

Kaum auszumalen, wie umständlich das früher alles war. Mit schwitzender Stirn und krampfender Hand rangen wir uns Bogen für Bogen ein paar nette Zeilen an Erbtante Frieda ab, peinlichst darauf bedacht, nur ja keinen Tintenklecks aufs Papier zu bringen. War das Werk nach Stunden vollbracht und die Seiten mit krackeliger, kaum lesbarer Handschrift bedeckt, fischten wir in unserer Schublade nach einem Briefumschlag – vergeblich natürlich – spurteten also zum Krämer ums Eck, erstanden die Briefhülle, erwarben auch noch die Marke dazu und flitzen schließlich zum großen gelben Kasten, dem wir unsere Epistel zu guter Letzt ins breite Maul stopften. Puh!

Aufwendig war diese Prozedur und doch auch edel. Und nun ist sie also überholt, vorbei, Geschichte, so wie die ganze gute gelbe Schneckenpost überhaupt. Zusteller, die lustige Handwagen vor sich herschiebend von Briefschlitz zu Briefschlitz ziehen, um dort mehr oder weniger frohe Kunde einzuschieben, haben bereits heute einen nostalgischen Hauch. Morgen schon werden sie endgültig historisch sein, abgeschoben in die Postmuseen der Republik, als wächserne Schaufiguren aufgestellt, in unmittelbarer Nähe ihrer hornblasenden Vorväter auf dem hohen gelben Wagen …

Und wir sind unsere eigenen Postillione. Tippen uns die Finger wund, mailen hierhin und dorthin und vergessen dabei völlig, daß die gute alte Post doch einige nette Eiegnschaften besaß, die was der e-mail von heute abgeht. Wo ist zum Beispiel das Briefgeheimnis abgeblieben, fragen wir? Eine e-mail kann jeder dusselige Netz-Administrator lesen, wenn er Bock dazu hat. Natürlich gibt es Verschlüsselungsprogramme, aber solange die so kompliziert und wenig verbreitet sind wie heute, ist es mit dem Briefgeheimnis nicht weit her – genauso wenig wie mit dem Charme. Oder finden Sie, daß Arial, Times New Roman, Courier und Co. Ihrer e-mail den gleichen persönlichen Touch verleihen wie ehedem Ihre krackelige Handschrift dem papierenen Brief?

Damit nicht genug: Die elektronische Post hat noch weitere Nachteile. Da wäre zum Beispiel die Gefahr, sich über ein Attachment einen bösartigen Virus ins System zu holen. Und überhaupt, wo wir gerade bei den Attachments sind: Es ist ja an sich eine schöne Sache, daß es sie gibt und daß man mit ihrer Hilfe die vielfältigsten Datei-Formate, also Texte, Bilder und Töne an den elektronischen Brief anhängen kann. Aber solange uns unsere Erbtante Frieda ihren jährlichen Geburtstags-Fuffi nicht anhängen kann, können wir auf die elektronische Post bestens verzichten!

Beim Chatten endet die sprachliche Evolution

Bei seinen Ausflügen im Netz der Netze fühlt sich der PUPS manchmal wie in einer völlig fremden Welt – wie ein Pinguin auf Barbados oder wie ein Äthiopier in Eisenhüttenstadt. Das Phänomen des «Chattens» entlockt ihm zum Beispiel Ausrufe höchsten Erstaunens: «Die sprechen ja 'ne komische Sprache!».

Wir gehen noch einen Schritt weiter und behaupten: Beim Chatten endet die sprachliche Evolution. Anhand eines kleinen Beispiels wollen wir diese These erläutern. Wir betrachten einen kurzen Flirt zwischen einem jungen Mann und einer jungen Frau.

Im 18. Jahrhundert stand man sich beim Flirten noch leibhaftig gegenüber. Während der Herr die Hand der Dame ergriff und sich alsdann hinunterbeugte, um einen Handkuß anzudeuten, vollführte die Dame einen eleganten Knicks. Das sich anschließend entspinnende Gespräch ist in seiner Gewandtheit und Subtilität heute kaum noch zu ermessen.

HERR: Seid gegrüßt, holdes Fräulein von Schwandt. Darf ich mich erdreisten, Euch ein Stück des Wegs zu geleiten?

DAME: Ihr scheint mir ein wenig forsch, werter Baron. Verfügt Ihr über genügend Anstand, einer unbe scholtenen Jungfer nicht unerwartet gefährlich zu werden?

HERR: Die Zurückhaltung ist meine höchste Tugend, Teure, und Gefahren würde ein wahrer Kavalier, wie ich einer bin, stets von Euch abhalten.

DAME: So sei es Euch gestattet, ein Stück an meiner Seite zu gehen, mein wahrer Kavalier.

HERR: Euer Gang ist federleicht und voller Anmut.

DAME: Die Sonne steht hoch, ist Euer Auge nicht von ihrem Strahl geblendet?

HERR: Geblendet ist mein Auge nur von Eurer Schönheit.

DAME: Aber Baron, wie könnt Ihr so genau wissen, was Euch blinzeln macht?

HERR: Ich höre auf die Stimme meines Herzens. Oh und ich bin sicher, sein Lied ließe sich auch unter anderen Lichtverhältnissen vernehmen.

DAME: Was meint ihr damit, lieber Baron?

HERR: Nun, wenn Ihr mich nach Anbruch der Dunkelheit in Euren Gemächern empfingt, könnte ich jeden Beweis der Reinheit meiner Absichten antreten.

DAME: Nun denn, so sollt Ihr mich besuchen, wenn sich der Mond am Himmel zeigt und mir von der Symphonie in eurer Brust berichten …

Dieses Kommunikationsschema hat sich über die Jahrhunderte kaum verändert. Sicher hat die Sprache etwas von ihrer Blumigkeit verloren. Aber erst am Anfang des zurückliegenden Jahrhunderts, als das Telefon eingeführt wurde, kam die entscheidende Wende. Man stand sich beim Flirten nun nicht mehr Aug' in Aug' gegenüber oder lustwandelte Seit' an Seit' durch den Park, sondern lümmelte weit entfernt voneinander auf dem Bett und sprach in einen bunten Kunststoffknochen. Dadurch verengte sich die Kommunikation nicht nur auf das akkustische Moment – auch die Sprache selbst wurde ein wenig – sagen wir: schlichter. In den 70er Jahren unseres Jahrhunderts hatte sie etwa folgendes Niveau erreicht:

PAUL:	Hey, Fanny, wie geht's?
FANNY:	Alles senkrecht. Und bei Dir?
PAUL:	Tutti paletti. Was machst'n heut abend?
FANNY:	Keine Ahnung. Vielleicht Fernsehen. Heute läuft Kuhlenkampff.
PAUL:	Ach komm, der olle Kuhlenkampff der bringt's doch auch nicht mehr. Komm lieber bei mir vor bei. Ich hab' die neue Commodores-Scheibe da. Könn' wir ja ma anhören.
FANNY:	Echt, die neue Commodores? Okay, dann komm' ich halt ma rübergefluppt …

Heute findet solch ein Flirt in einem virtuellen Raum, dem sogenannten Chat-Room statt. Man nimmt vom Gesprächspartner nicht mehr wahr als ein paar ASCI-Zeichen die vorher durch eine Telefonleitung gesaust sind. Und die Sprache wird endgültig auf ein Minimum reduziert:

Coolman:	poppen?
netgirl:	o. k. aber nur online ;-)

Beim Chatten endet die sprachliche Evolution wirklich

Wir leben im Kommunikationszeitalter. Die zwischen Menschen ausgetauschte Datenmenge wächst ständig. Für den Austausch selbst steht folglich immer weniger Zeit zur Verfügung.

Wenn wir Chats verfolgen, haben wir allerdings einen anderen Eindruck. In 99% der Fälle haben sich Chatter nämlich nichts, und zwar gar nichts zu sagen – tun dies aber stundenlang. Dennoch stauchen sie die übermittelte Information auf rudimentäres Gestammel zusammen, als ob sie unter wahnsinnigem Zeitdruck stünden *(Beim Chatten endet die sprachliche Evolution)*. Man könnte dieses Phänomen «Chat-Paradoxon» nennen.

So verwenden die Netz-Tratscher möglichst häufig Akronyme, das sind Abkürzungen die für bestimmte festgelegte Ausdrücke stehen. Zum Beispiel «LOL», das ist ein Kürzel für «Laughing Out Loud» und soll soviel bedeuten wie «Ha ha, da muß ich aber lachen».

Ein Chatter – oder e-mailer -, der etwas auf sich hält, verwendet unablässig solche Kürzel. Und selbst wenn er einmal genervt ist, weil sein Chat-Partner noch mehr Akronyme kennt als er selbst, bringt er dies durch ein weiteres zum Ausdruck. Er tippt dann YABA. Das heißt «Yet Another Bloody Acronym» (schon wieder so ein verdammtes Akronym).

Nicht einmal wenn Chatter emotionale Zustände zum Ausdruck bringen wollen, nehmen sie sich Zeit für wortreiche Umschreibungen. Nein, auch der Gefühlskram muß zackzack gehen. Damit das, was gesagt werden soll, möglichst platt und eindeutig «rüberkommt», bedienen sich Chatter sogenannter «Emoticons», das sind Zeichen die einen bestimmten Gefühlszustand ausdrücken sollen. Am bekanntesten dürfte das sogenannte Smiley sein: **:)**

Gönnt man ihm noch eine Nase, sieht es so aus: **:-)**

Auch sein Gegenzeichen, ist recht geläufig: **:(** oder **:-(**

Mit ihm soll ausgedrückt werden: «das ist aber ätzend» oder «Mensch, bin ich sauer». Sein Name ist uns nicht bekannt. Passenderweise müsste man es Schmolli nennen oder so. Ein drittes, häufig verwendetes Zeichen deutet so etwas wie Ironie bzw. Augenzwinkern an: **;-)**

Soviel Ambivalenz stößt aber schon heftig an die emotionale Differenzierungsgrenze der meisten Zeitgenossen im Netz. Es gibt zwar noch über zwanzig weitere Emoticons, darunter:

:-o für «Erstaunen»
:-p für «Zunge rausstrecken»
:'-(für «Weinen»
:-\ für «Skepsis» usw.

Aber die finden im Chat-Alltag kaum Verwendung. Meist bleibt es bei den drei zuerst beschriebenen und mehr sind wohl auch nicht nötig, um den in einsamen Chat-Nächten verarmten Gefühlshaushalt abzudecken.

Happy Capitalism mit Online-Banking!

Noch vor wenigen Jahren unterhielten sich Putzfrauen – 'tschuldigung, heute heißen sie ja weibliche Reinigungskräfte – über Themen, die ihrem Berufsstand und ihrem sozialen Hintergrund angemessen schienen: Männer, Kinder, Wetter, Urlaub, Hartnäckigkeit von Flecken, Kalkbeläge, schlechte Bezahlung, englisches Königshaus. Heute sieht das ganz anders aus. Neulich abends konnten wir auf dem Flur eines verlassenen Bürogebäudes folgendes Gespräch belauschen:

ESADA: Biotech, sag isch dir!
SOHEILA: Ach komm, Biotech is' doch scheiße!

ESADA: Hey, was is scheiße? Vor drei Monat hab isch bei Emission von Humogene für 30 Euro gezeichnet und gestern für 97 verkauft. Was sagst Du jetzt? Scheiße oder was?

SOHEILA: Respekt. Aber Dotcoms sin trotzdem besser. Covered warrants von coolshop.com, 345% plus in zwei Woche!

ESADA: Laufzeit?

SOHEILA: Noch vier Monat. Hebel 2,5%!

ESADA: Aufgeld mußt du abziehen. Klar, oder?

SOHEILA: Klar.

ESADA: Hey, Aisha, hast Du schon mal dran gedacht: Futures auf Zitronen?

SOHEILA: Futures auf Zitronen? Was soll'n das, ey?

ESADA: Klar, Mensch: Überall ist Zitrone. Riech' mal an der Flasche da!

SOHEILA: Ja gut, Zitrone … und?

ESADA: und, und … kapierst du nix oder was? In ein Monat haben sie fünf neue Putzmittel mit Zitrone auf Markt gebracht: Meister Sauber, Admiral, Door, Moonlicht und Prahl. Ist doch klar, daß Weltmarkt für Zitronen eng wird wie Parkettritze. Jetzt mußt du Future-Option kau fen, dann kannst du im November hier kündigen.

SOHEILA: Cool! Futures auf Zitronen …

Diese interessante kommunikative Entwicklung beim Reinigungspersonal verdanken wir ebenfalls dem Internet. Dank «Online-Banking» und «Direct Brokerage» ist das Spekulieren an der Börse nicht mehr das Privileg geleckter Schlipsträger, sondern kann schlichtweg von jedem betrieben werden. Kein Umweg mehr über den sorgenvollen Kundenberater bei der Kreissparkasse, keine tagelangen Verzögerungen bei Orders, keine überhöhten Maklercourtagen – alles geht billig und ruckzuck in Realtime auf Xetra-Basis. So ist der Traum vom schnellen Geld auch für Soheila und Esada ein Stückchen realer geworden. Diese Demokratisierung des Finanzmarktes mündet in eine fröhliche Gesellschaft von Freizeitkapitalisten. Tagsüber in Herne malochen, abends in Hongkong Aktien verticken und so den ersehnten Vorruhestand ein wenig näher rücken lassen. Sollen sich doch Jüngere abarbeiten (z.B. malayische Kinder), sagen sich auch unsere beiden sympathischen Putzelfen. Think locally – act globally!

Doch Vorsicht: Bankgeschäfte im Internet bergen auch Risiken! Sollte in Ihrem Browser plötzlich folgendes Fenster aufpoppen:

Bitte ihre PIN und die nächsten zehn TAN eingeben

… und oben in der Adreßleiste die URL «www.panzerknacker.org» zu lesen sein, dann ist ein wenig Vorsicht geboten.

DER COMPUTER UND DIE FREIZEIT (II) – DAS DADDELN

Daddeln, spielen, ballern, jump, run, fire – Worte voller Energie und Lebensfreude. Computerspiele sind Rauschmittel, die schneller dröhnen als Dope, higher machen als Koks und länger wirken als Ecstasy. Irgendein dubioser «Zeitungshändler» hat auch den PUPS angefixt und ihm eine Zeitschrift mit Spiele-Demos verkauft. Und prompt ist sein Opfer zu einem neuen Mitglied in der Gemeinde der Rauschmittel-Nutzer geworden. Schlimm so was. Wenn es doch wenigstens Warnhinweise auf der Spiele-Packung gäbe!

So in etwa: «Der Bundesdaddelminister warnt: Computerspiele machen arm, süchtig, brutal und einsam.»

Daddeln macht arm

Es ist natürlich klar: Vom Spielen wird man nicht erst arm, seit es Daddelkisten und dazugehörige Spielchen gibt. Im Gegenteil: Wenn wir die Geschichte nicht ganz falsch verstehen, hat ja schon Julius Cäsar den Frieden im Römischen Reich verspielt. Das war damals, 49 v. Chr., als er den Rubikon überschritt und mit den historischen Worten «Die Würfel sind gefallen!» den Bürgerkrieg vom Zaun brach. Seit damals haben sich ungezählte Hasardeure an Karten, Würfeln, Roulettekugeln und ähnlich schicksalhaften Spielgeräten vergriffen und dabei mehr oder weniger viel verloren. Wenn es «gut» ging, verloren sie beim Spiel das Gesicht. Wenn es schlecht lief, waren sie nach der Partie Hab und Gut, Haus und Hof, Weib und Leben los. Tragisch, meinen Sie? Harmlos, sagen wir! Jedenfalls in Anbetracht moderner Computerspiele. Bei denen wird man nicht nur eines, sondern mitunter in weniger als fünf Minuten 3 Leben los! Eins nach dem anderen: peng, peng, peng, weg damit!

Allerdings: Die meisten Daddler scheinen so viele Leben auf der hohen Kante zu haben, daß ihnen der Verlust einer Handvoll nur ein müdes Lächeln abringt. Ihnen tut es eher um die Kohle leid, die sie ihrer digitalen Zockerlust opfern müssen. In der Tat: Es ist ja nicht gerade wenig, was man für die neueste Version von Lara Croft und Co. latzen muß. Alle zwei Wochen für'n Hunni Spiele einkaufen, das ist nicht eben wenig. Doch was soll man tun? Nach spätestens zwei Wochen ist der Daddler da, wo ein Heroin-Süchtiger schon wenige Stunden nach dem Schuß ankommt: auf Turkey. Das Spiel ist ausgespielt, die Level bis zum letzten geschafft – fehlerfrei versteht sich. Jetzt muß neuer Stoff her *(Daddeln macht süchtig)* Also ab in den Laden. Es hilft ja nichts. Es sei denn. Es sei denn, man sinnt auf Abhilfe …

ABHILFE 1: DEMOVERSIONEN

PC-Zeitschriften ohne CD-Zugabe sind heute so selten wie eine blaue Mauritius auf der Postwurfsendung. An irgendeiner Stelle des Heftes ist so gut wie immer eine von diesen praktischen silbergrauen Daten-Scheiben eingeklebt. Und so bekommen wir Ausgabe für Ausgabe Hunderte von kostenlosen Megabytes an brandaktuellen Treibern und superheißen Cliparts ins Haus. Tolle Word-Formatvorlagen für die ultimative Weihnachts-, Oster- oder Pfingstpostkarte sind natürlich auch immer dabei. Ebenso wird man auf so gut wie jeder Gratis-CD abstruse Utilities und «PC-Tools» finden (Festplatten-Säuberer, Defragmentierer, Anti-Viren-Programme und wie die Dinger alle heißen) und – last not least – natürlich das Gratis-Game. Daß es sich dabei nicht um irgendeines handelt, versteht sich. Mit solch altbackenen, aus der Analog-Ära herübergeretteten Spielen wie Computer-Schach oder «MauMau 5.3 – die PC-Ausgabe!» lockt man doch heute kein Schwein mehr hinterm Ofen vor. Geschweige denn eine anspruchsvolle Spielernatur vor die Daddelkiste!

Nein, wer den Gambler von heute ködern möchte, der muß ihm schon mit einem PC-Thriller der Extraklasse kommen, interaktiver Superheld und apokalyptisch-animiertes 3D-Ambiente inklusive. Das Ganze natürlich in fotorealistischer Auflösung und mindestens 16 Millionen Farben und mit einem Sound versehen, daß einem beim PC-Daddeln schier die Ohren davonfliegen. Kaum zu glauben, aber so ein brandaktuelles, aufgemöbeltes Super-Game findet man als Demo-Version fast auf jeder Gratis-CD! Die Dinger laufen sogar!

Zum Nulltarif! Nur eine Einschränkung gibt es: Nach Level 1 ist der Spaß zu Ende. Fühlen wir uns da nicht auf einmal wieder wie die 16jährigen in der Disko? Es ist kurz vor 22 Uhr. Der Spaß kommt, wir müssen gehen. Irgendwie doof, oder?

ABHILFE 2: RAUBKOPIEN

Noch verlockender als die Demoversion erscheint die Raubkopie. Einfach von Freunden das Programm geholt, auf die eigene Platte gezogen und los geht der ultimative Spielespaß. Von wegen! Das Raubkopieren ist nicht nur gegen das Gesetz, es ist auch bei weitem nicht so unproblematisch wie es aussieht.

Schwierigkeit Nr. 1 besteht in der übertriebenen Großzügigkeit unserer Freunde. Sie haben richtig gelesen! Oft genug nämlich bereichern sie das heiß ersehnte Game um eine Dreingabe, auf die wir ganz gut verzichten könnten. Oder kann jemand wider Erwarten etwas mit Viren anfangen? Nein? Hätte uns auch arg gewundert. Schließlich gelten diese Viecherchen doch als so ziemlich schlimmster Feind des Users *(Viren)*

Schwierigkeit Nr. 2 hat nur mittelbar etwas mit dem Spiel und dem Raubkopieren zu tun. Sie betrifft vielmehr das Kopieren allgemein, das Hinüberschaufeln von Daten von einer Festplatte zur nächsten. In Zeiten, in denen Spiele wie *Pacman* das Höchste der Gefühle waren, gab es damit kaum Probleme. Das Ding hat locker auf jede Diskette beziehungsweise – wir reden ja von den guten alten C64-Zeiten! – Datasette gepaßt. Aber heutige 3D-super-duper-Hightechspiele, die passen natürlich nicht mehr darauf, die müssen schon auf CD-ROM gebrannt werden, wenn nicht gar auf DVD! Dumm nur, daß sich viele von ihnen zwar brennen, dann aber nicht abspielen lassen. Das muß an irgendeinem dämlichen Code liegen, mit dem sich die Spiele-Industrie schützt.

Dümmer noch, daß selbst wenn dieser fehlt, der Erfolg einer Spiele-Brenn-Aktion noch lange nicht feststeht. Wer jemals versucht hat, eine CD zu toasten, weiß wieviel dabei schief gehen kann. Ohne Übertreibung kann man sagen, daß auf eine gelungene mindestens neun verhunzte Silberlinge kommen. Was tun mit den Erzeugnissen mißglückter Backversuche? Wegschmeißen? Viel zu schade! Verwenden sie Ausschuß-CDs doch einfach als Frisbee. Läßt sich ganz prima *spielen* damit!

Daddeln macht süchtig

Vor einem halben Jahr hat alles angefangen. Eines langweiligen Abend hatte der PUPS – er war auf dem Weg nach Hause – beim Warten auf den Bus die Auslage des Zeitungskiosk gemustert. Sein Blick war eine Weile zwischen Computer- und Tittenpresse hin- und hergewandert. Dann hatte er sich auf dem Cover der «PC Held» festgesogen. «Tumber Reiter III» stand da in riesigen Lettern und «Demoversion im Heft!» Das klang irgendwie spannend, fand der PUPS und weil er gerade etwas Geld überhatte, erstand er die Gazzette.

Die Tür war noch gar nicht richtig im Schloß, da fuhr der PUPS schon seinen Computer hoch, spielte ihm den tumben Reiter auf und daddelte los. Was da zu spielen war, war wenig *(Abhilfe 1: Demoversionen)*, aber immerhin: der PUPS war angefixt und es dauerte nicht lange, da hatte er die Voll-Version im Hause.

Zunächst spielte er nur dann und wann und schaltete auch nach einer halben Stunde oder so wieder aus. Aber allmählich wurden seine Sessions immer häufiger. Und dauerten immer länger. Was ja irgendwie auf der Hand lag: Je weiter er kam, desto spannender wurde sein Spiel. Und wer riskiert schon einen verpatzten Highscore, weil er vorzeitig ausgeschaltet hat?

Mehr und mehr spielt der PUPS und mehr und mehr nimmt ihn das Spiel gefangen, verändert ihn, vereinnahmt ihn. Früher saß er noch recht entspannt im Sessel, jetzt guckt der PUPS mit krauser Stirn auf den Schirm. Wild flackern seine Augen, nervös zuckt sein Mund. Und wann immer ein digitaler Felsblock ins Rollen kommt, wirft der PUPS den ganzen Körper herum. Manchmal geschieht es dabei, daß ihm eine Haartolle ins Gesicht rutscht, so speckig, daß man sie nach Wasser und Seife schreien hört. Aber fürs Waschen hat der PUPS schon lange keine Zeit mehr. Und wo sollte er auch Wasser herbekommen, hier in der Steinwüste von Druidonien, die er auf seiner kettengetriebenen Stute Robota durcheilt.

Einen Level hat er noch bis zum großen Gral von Fortunelandia, einen einzigen Level noch! Wie verbissen kämpft der PUPS, seine Lippen zittern, sein Mundwinkel zuckt und aus ihren tiefen, dunklen Höhlen heraus starren mit gläsernem Blick seine Augen nach vorn. Tapfer ist der PUPS. Er gibt nicht auf, er kämpft. Morgends, vor der Arbeit, hat er sie aufgenommen, die letzte große Schlacht. Mittags, während – oder besser statt – der Arbeit, hätte er sie fast verloren. Jetzt, um 16:07, hat er sie dann doch noch – endlich und endgültig! – gewonnen. Mit einem tiefen Seufzer sinkt der PUPS auf seinen PC-Stuhl zurück, der Joystick gleitet ihm aus der Hand wie dem Fixer die Spritze nach dem Schuß.

Ein, zwei Tage Ruhe hat der PUPS, dann packt ihn die Sucht erneut. Unruhig schleicht er durch die Wohnung, dann rafft er sich auf und guckt bei Gerd vorbei, um sich von ihm «Der tumbe Reiter IV» raubzukopieren. Soll man ihm dies übel nehmen? Oder muß man hier Rücksicht walten lassen und gar strafmildernd von Beschaffungskriminalität sprechen?

Daddeln macht brutal?

Noch immer beschwören konservative Moralisten das Gespenst einer durch brutale Computerspiele verdorbenen Jugend. Am Bildschirm bauten Heranwachsende ihre Hemmungen ab, behaupten sie, und erlernten gewaltsame Verhaltensweisen.

Diesen ewig Gestrigen sei hiermit gesagt: Diese These gehört ins Reich der Sagen. Das Gegenteil ist richtig. Wie neueste empirische Untersuchungen zeigen, hat das Computerspielen ausschließlich positive Wirkungen auf die Entwicklung eines jungen Menschen. Wahl der Spielsituation, Wahl der Waffen, Vorgehensweise zur Vernichtung des Gegners – dies alles sind strategische Überlegungen, die Auffassung und logisches Denken fördern.

Erfolgserlebnisse beim Spielen stärken das kindliche Selbstbewußtsein. «Mami, guck mal, ich kann in einer Minute zehn Aliens die Birne wegballern.» Geben Sie auf solche Erfolgsmeldungen ein positives Feedback, loben Sie ihr Kind für das bereits Geleistete und ermutigen Sie es, seine eigenen Grenzen immer wieder zu überschreiten! Wenn der kleine Stratege einmal sämtliche Schlachten des zweiten Weltkriegs auf dem Bildschirm gewonnen hat, wird er sich den Anforderungen des Lebens mit gewachsener Sicherheit stellen. Sie werden ihm vergleichsweise klein erscheinen, die Anforderungen.

Beim Spielen erhält der Jugendliche zudem Gelegenheit, sich mit den Themen Verletzung und Tod auseinanderzusetzen, die in unserer Gesellschaft sonst so gerne verdrängt werden. Sprechen Sie mit ihm darüber, was er empfindet, wenn er 200 digitale Männchen mit einer Lenkrakete hinwegfegt. So kann er seine Eindrücke besser verarbeiten.

Das Durchspielen gewaltsamer Szenen am Computer hilft dem Heranwachsenden, angestaute Agressionen abzubauen. Etwas plastischer ausgedrückt: Mit dem Kopf jedes virtuellen Gegners zerplatzt eine Gewaltphantasie im Hirn des jugendlichen Spielers, mit jedem Darm, der herausgerissen wird, weicht auch die Wut aus dem Bauch des Halbwüchsigen. Statt Klassenkameraden, metzelt er nur künstliche Monster und ist am Ende völlig geläutert. Je brutaler das Spielgeschehen, desto stärker der kathartische Effekt und je früher ein Kind mit dem Spielen beginnt, desto besser. Einen Fünfjährigen kann man durchaus schon mit Resident Evil oder Dungeon Keeper konfrontieren. Er wird seine Eltern mit Sanftmut und Fröhlichkeit belohnen.

Und haben Sie keine Bedenken, ein Kind könne Spielgeschehen und Wirklichkeit durcheinanderbringen. Heranwachsende können ganz genau zwischen Fiktion und Realität unterscheiden. Nach dem Gemetzel drücken sie den Reset-Knopf und alles ist so friedlich wie vorher – außer in Littleton. Da suchen die Schüler noch heute nach dem Reset-Knopf.

Daddeln ist ein Zeit-Killer

Was haben schottische Jäger und deutsche Beamte gemeinsam? Richtig: Sie sitzen den ganzen Tag regungslos da und ballern von bequemer Warte aus jedes Moorhuhn ab, das Ihnen in die Quere kommt. Ein Computerspiel ermöglicht es nun auch teutonischen Sesselpupsern, ganze Populationen des scheuen Highland-Geflügels vom Himmel zu holen. Der PUPS ist natürlich mit dabei. Seit ihm ein Kollege das Spiel als Anhang zugemailt hat, knallt es bei ihm wie in einer Schießhalle.

Ursprünglich als Werbegag für den schottischen Whisky-Hersteller *Johnny Walker* gedacht, entwickelte sich Moorhuhn-Jagen zur allgegenwärtigen kultischen Handlung. Biedere Büromenschen mutierten reihenweise zu blutrünstigen Papagenos. Zum ersten Mal im Leben hatten sie ein echtes, geradezu archaisches Erfolgserlebnis.

Für die Wirtschaft wurde der nette Ballerspaß indes bald zum Problem – denn vor allem Arbeitsplatzrechner wurden zum Moorhuhn-Jagdrevier erkoren. Nicht genug damit, daß die Belegschaft ihre Motivation nur noch auf die Steigerung des Highscores statt auf die Steigerung des Unternehmensgewinns richtete. Ganze Computernetzwerke brachen zusammen, weil tausende von Mitarbeitern alle 90 Sekunden (solange dauert die Moorhuhn-Jagd) Triumph-Mails in die Welt sandten. Die Unternehmensberatung Mummert + Partner schätzte, das ein Ausfall von 60 Minuten ein mittelgroßes Versicherungsunternehmen ca. eine halbe Million Euro kostet. Da kann man leicht hochrechnen, welchen volkswirtschaftlichen Schaden der Ballermann in deutschen Büros insgesamt anrichtete. Zurecht gingen viele Unternehmen dazu über, die Software von den Rechnern ihrer Angestellten zu verbannen und unverbesserliche Daddler rigide abzumahnen.

Doch nicht nur der gesellschaftliche, auch der individuelle Schaden, den exzessives Spielen hinterläßt, ist beträchtlich. Daddeln ist der perfekte Zeitkiller. Solange nur die Arbeitszeit dran glauben muß, mag es für den Spieler ja noch verkraftbar sein. Dann wird man vom Chef eben für die Schießleistung bezahlt. Wenn sich das suchtartige Verhalten aber auf die Freizeit ausdehnt und schließlich das ganze Leben beherrscht, wird es bedenklich. Es soll Spielsüchtige geben, die erst bemerkt haben, daß sie von ihrer Familie verlassen wurden, als der Kühlschrank leer war.

Man muß sich zudem klarmachen: Computerspiele sind absolut nutzfrei (von einigen exotischen Pädagogen-Programmen, Typ «Telekolleg für Cyber-Junkies» mal abgesehen). Während man als Surfer ja zumindest mit Wissenszuwachs und als Programmanwender sogar mit Produktivität argumentieren kann, hat man als Spieler absolut nichts vorzuweisen. So wie Dauerdaddler mit ihrer Lebenszeit rumsauen, könnte man meinen, sie hätten 500 Jahre auf Erden vor sich. Aber das haben sie nicht. Denn durch Bewegungsmangel, Schlafdefizit und Verfettung läßt ihre Gesundheit genauso schnell Federn wie ein Moorhuhn unter Dauerbeschuß.

DER COMPUTER UND DIE FREIZEIT (III) – DAS KREATIV-SEIN

Der PUPS hat es inzwischen kapiert: Der Computer zerlegt die Welt in Nullen und Einsen und kann sie beliebig wieder zusammenbauen. Hierdurch ergeben sich unbeschränkte schöpferische Möglichkeiten für den Menschen, der den Computer bedient. Das Problem ist nur, daß kreative Menschen am Computer nicht mit Nullen und Einsen, sondern mit Programmen arbeiten, die andere (meist nicht so kreative) Menschen programmiert haben. Ganz besonders schlimm wird es, wenn nicht so kreative Menschen versuchen, am Computer kreativ zu sein.

KREATIV SEIN AM COMPUTER IST WIE TANZEN IN FUSSFESSELN

Kreativ sein bedeutet, Neues zu erschaffen. Wie soll man aber Neues erschaffen, wenn man in eine vorgegebenen «Anwendung» gepresst ist und nur ein begrenztes Repertoire an «Tools» zur Verfügung hat?

Die (Bitmap-)Grafikprogramme wie z.B. *Photoshop,* geben hierfür ein gutes Beispiel ab. Sicher ist es erstaunlich, was man mit ihnen alles machen kann: Farben ändern, retuschieren, schärfen, verzerren, collagieren usw. Dennoch sind dies alles Effekte, die sich aus der gängigen gestalterischen Praxis ableiten. Wollte man etwas neues ausprobieren, müsste man das Programm ergänzen können. Doch das Programmieren ist auch den ausgefuchstesten Grafikanwendern meist ein Buch mit sieben Siegeln. So muß der «Kreative» mit dem Vorlieb nehmen, was ihm die Software-Industrie vorsetzt: Klick oder stirb. Jede Zufälligkeit, jedes chaotische Ereignis, jeder Unfall und damit auch jede Chance auf eine unerwartete Lösung wird von vorneherein ausgeschlossen.

Was für eitle Künstlerseelen aber noch entscheidender ist: Der Computer eliminiert jede künstlerische Handschrift. In der Prä-Computerära hat ein Meister sein Werk mit seinen Händen erschaffen und ihm so seinen eigenen unverwechselbaren Ausdruck aufgeprägt. Anschließend konnte er je nach Gusto noch drüberlaufen, es über Nacht in den Hühnerstall legen, draufpinkeln, es mit Spinat übergießen und abwarten, was passiert. Vielleicht kam er so auf raffinierte Effekte, an die er vorher nie gedacht hatte.

So, und jetzt suchen Sie im Menü von *Photoshop* mal nach den Punkten «draufpinkeln», «über Nacht in den Hühnerstall legen» und «drüberlaufen». Wenn Sie fündig werden, schreiben Sie uns, dann werden wir uns öffentlich mit Spinat übergießen.

«Computerkunst» ist eine Zumutung

Sado-Maso ist hip. In schwarze Latex-Pellen gequetschte Körper winden sich allerorten und foltern sich gegenseitig grün und blau – alles für den kurzfristigen Lustgewinn. Ihre Phantasie bei der Erfindung raffinierter Quäl-Methoden ist schier grenzenlos. Sie peitschen sich aus, übergießen sich mit geschmolzenem Blei oder hängen sich an den Brustwarzen auf. Alles ganz nett … Will ein SMler aber wirklich brutal und gnadenlos sein, greift er zu ganz anderen Mitteln: Er wird «kreativ» und schickt zu allen erdenklichen Anlässen selbst «gestaltete» Gruß- und Glückwunschkarten oder Party-Einladungen an seine Opfer.

Von Ferne harmlos wirkend, entfalten diese perfiden Marterinstrumente bei näherer Betrachtung eine verheerende Wirkung. Es wurden bereits Fälle von Erblindungen infolge des Betrachtens häßlicher Grußkarten berichtet. Besonders gemein: Je sensibler das ästhetische Empfinden des Empfängers ist, desto stärker wirkt die Blick-Folter.

Wie sehen nun die Werkzeuge des Grauens aus? Meistens handelt es sich um weiße Papiere oder Kartons in Größe Din A6 bis Din A4. Darauf ist eine vierzeilige Botschaft in fünfzehn verschiedenen Schrifttypen (gerne mit Schnörkeln oder in Pseudo-Handschrift) gedruckt. Auf den freien Stellen des Blattes sind wahllos und völlig unmotiviert abgrundtief häßliche bunte Bildchen drapiert.

Diese sogenannten «Cliparts» sind in vielen Programmen von vorne herein enthalten und können einfach in das Dokument eingefügt werden. Es gibt alle erdenklichen Farben und Formen. (Ein absoluter Tiefpunkt der Computer-Kunst sind z.B. die schwarzen Gummimännchen aus Microsoft Word, die millionenfach Dokumente verunzieren.) Die unbeschränkte Verfügbarkeit von Cliparts wird leider oft als Freibrief verstanden, die wehrlosen Mitmenschen zu jeder Gelegenheit mit kreativen Ergüssen zu traktieren.

Kann man sich gegen die Grußkarten-Folter wehren? Ein klares Ja! Gehen Sie als Geschädigter vor Gericht und verklagen Sie die Softwareschmieden auf Schmerzensgeld! Das wäre zwar ein Präzedenzfall, aber wir können uns nicht vorstellen, daß Ihre Leidensgeschichte irgendein Gericht dieser Welt kalt ließe. In Amerika bekommt man wegen viel geringerer Vorkommnisse Millionen an Schmerzensgeld zugesprochen. Da braucht einen nur ein Arbeitskollege versehentlich anzupupsen, schon muß er sein Leben lang blechen. Aber die Hersteller und Vertreiber von Cliparts wurden seltsamerweise noch nicht belangt. Warum nur? Bill Gates wäre längst der ärmste Mann der Welt.

DIE KRANKHEITEN

Man will es gar nicht glauben, aber so ein Computer kann ja krank werden wie ein richtiger Mensch. Die Palette der möglichen unter dem Oberbegriff «Digitalitis» subsumierten Malaisen ist groß. Ein Computer kann sich seine CD-ROM falsch einziehen und dabei brechen, er kann mir nichts dir nichts einen schwere Ausnahmezustand bekommen, sich eine lebensbedrohliche Virus-Infektion einfangen. Und auch das ist wie beim Menschen: Je schlechter es geht, desto weniger hilft der Doktor.

COOKIES SIND SÜSSIGKEITEN MIT ZAHNSCHMERZGARANTIE

Plätzchen – hmmm! Honig, Zimt, Vanille, Nuss und Mandelkern. Plätzchen – wer denkt da schon an Krankheit? Daß wir uns mit Spezereien aber auch gehörig den Magen verderben können, kommt uns erst in den Sinn, wenn es bereits zu spät ist und wir am zweiten Weihnachtsfeiertag die Kloschüssel umarmen.

Genauso ist es auch mit den kleinen Cookies, die uns die Internet-Gastgeber, die sogenannten Hosts, auf die heilige Festplatte legen. Jedes mal, wenn wir deren Server besuchen, bekommen wir so ein kleines Plätzchen mit auf den Weg. Das ist fast wie früher bei Oma. Und wie damals dienen die kleinen Geschenke letztlich der Kundenbindung und der Kontrolle. Der entscheidende Unterschied ist jedoch, daß uns die Hosts *unbemerkt* beglücken. Und die Ingredienzen ihrer Gaben sind brisant: In die Plätzchen sind alle möglichen persönlichen Daten von uns eingebacken.

Anders als viele glauben, ist das Internet kein one-way-Medium und Sie, lieber Leser, bleiben als Surfer bei weitem nicht so anonym, wie Sie das gerne hätten. Sie rufen nicht nur Informationen aus dem www ab, sondern versenden auch eine beachtliche Menge. Diese Daten sammelt der Host-Server und faßt sie in einem Cookie zusammen: z.B. Ihre IP-Adresse, Ihr Betriebssystem, Ihr Browserprogramm, Ihre Bildschirmauflösung, Ihre Verweildauer auf der Host-Seite, Ihre Aktionen dort. Das Cookie mit diesen Informationen wird heimlich auf Ihrer Festplatte abgelegt. Wenn Sie das nächste mal ins Netz gehen, wird es wieder abgerufen. Auf diese Weise kann man nach und nach ein Profil von Ihnen als User erstellen, das detaillierter ist als der Lebenslauf in Ihrer letzten Bewerbung.

Im besten Fall wird das Cookie dazu verwendet, Sie auf Ihrer Lieblingsseite gleich an die Stelle weiterzuleiten, die Sie wirklich interessiert und somit den ganzen Begrüßungs- und Zugangsschmonzes zu umgehen. Meist ist sein Zweck aber ein rein kommerzieller – mit der Folge, daß Ihr Mail-Account mit Werbematerial von dubiosen Firmen zugemüllt wird, an die Ihre Daten weitergegeben wurden.

Sowas hat Oma nicht gemacht.

Tastaturprobleme

Man kann Büropflanzen mit warmem und mit kalten Wasser gießen. Auch mit Tee oder Kaffee. Selbst das abgestandene Bier von der gestrigen Betriebsfeier läßt sich – in Maßen angewandt – zur Flüssigkeitsversorgung unserer grünen Freunde heranziehen. Im Grunde ist es ziemlich egal, womit Sie gießen, denn: Die Hälfte des Blumenwassers landet immer in der Tastatur! Dies ist ein ehernes Gesetz der Computeristik. Laut einschlägiger Quelle ist es in Kraft, seit im Jahre 1969 die kalifornische Putzfrau Anna Maria Delgado dos Santos beim Gießen der Edel-Pelargonien auf dem Campus der Seattle Pacific University über eine tückische Schlinge ihres eigenen Spritzschlauches stolperte, fünf benommene Minuten lang liegen blieb und dabei das Schlauchende so unglücklich hielt, daß der ihm entspringende Strahl direkt auf ein nahegelegenes Bodengitter fiel, es durchdrang und zu den Fensterritzen eines Souterain-Labors eindrang. Dort lag – unseliger Zufall! – das Rechenzentrum der Universität, das einigermaßen flächendeckend unter Wasser gesetzt wurde. Im Rechenzentrum installiert war eine der bedeutendsten Großrechenanalage ihrer Zeit, die Datex II/Psi. Sie gab beim Eintritt des Wassers schlagartig ihren Dienst auf und konnte auch mit Hilfe eiligst eingeflogener Undercover-Experten des CIA nie wieder hergestellt werden.

Böse Zungen behaupten, der Unfall sei in Wirklichkeit kein Unfall, sondern ein Sabotage-Akt gewesen, ausgeheckt von dem damals 14 Jahre alten William «Bill» Gates, der mit seinem Vorschlag, für die Datex II/Psi ein nagelneues Betriebssystem zu programmieren, bei den Universitäts-Oberen nur auf wieherndes Gelächter gestoßen war. Man raunt, Gates sei schon in diesen holden Jugendjahren so geschäftstüchtig gewesen, daß er Anna Maria Delgado dos Santos' Dienste mit zwei lächerlichen Lollys für ihre beiden Kleinen erkaufte. Diese sollen nach Angaben der geprellten Putzfrau zu allem Überfluß auch noch kirschgroße Hohlräume in ihrem Inneren aufgewiesen haben!

Leider konnten wir dieses Gerücht trotz aufwendigster Recherchen nicht bestätigen. Widerlegen allerdings auch nicht. Aber was würde es Ihnen im Grunde auch nützen, wenn Sie wüßten, daß die Geschichte wahr ist? Ihre kaputte Tastatur würde davon ja auch nicht wieder heile!

Viren

Noch in den 80er Jahren waren an sich gar nicht so törichte Gymnasial-Lehrer der unumstößlichen Auffassung, ein Computer sei ein Arbeitsgerät wie viele andere auch – etwas weiter entwickelt als Taschenrechner und Schreibmaschine zwar – aber im Grunde eben doch eine Maschine. Und sie würden immer eine bleiben, predigten sie uns, dies sei eine Tatsache, so sicher wie unsere Rente.

Es dauerte nicht lange und die Computer bewiesen uns, daß sie mehr können als rechnen und schreiben. Schon im Verlauf der 90er Jahre begannen sie – völlig ohne menschliches Zutun – phantasievolle Grafiken zu malen und zu musizieren. Irgendwann entdeckten sie das Schachspiel für sich und wurden darin wahre Meister. Heute nun schreiben sie eigenhändig hübsche, virtuelle Gedichtchen und kommunizieren miteinander wie die Menschenkinder. Und genau wie diese holen sie sich eine gemeine Virus-Infektion nach der anderen!

Computer leiden unter einer solchen Erkrankung wie wir Menschen. Sie werden zunehmend verschnupft, oftmals sogar fiebrig. Dann werden sie wirr, geben Meldungen aus, die keiner versteht oder spucken mit kryptischen Zeichen um sich. Je gemeiner der Virus, desto schlimmer das Fieber. In seltenen Fällen fiebert der Rechner so heftig, daß sich ihm minutenlang der Bildschirm verdunkelt, während die Festplatte ganz gewaltig zu kreiseln beginnt. Dies sind die Symptome einer schwerwiegenden Amnesie, eines fortlaufenden Gedächtnisschwundes, an dessen Ende meist die totale Infantilität steht: Der Computer ist dann mit seinem Gedächtnis gleichsam wieder am Ausgangspunkt angekommen, die Festplatte gleicht einem unbeschriebenen Blatt. Hier hilft nur eines: die vollständige Neuinstallation *(Installation des Betriebssystems: Tagelang auf Montage)*.

Ein Computervirus arbeitet im Grunde genommen wie ein natürlicher auch: Der fiese Keim kommt immer von außen, über eine Diskette oder gebrannte CD-ROM zum Beispiel oder über das Internet. Einmal in den Wirt gelangt, lädt er sich in dessen Hauptspeicher und infiziert von dort aus alle laufenden Programme. So vermehrt er sich immer weiter und entfaltet schließlich seine bösen, zerstörerischen Kräfte.

Computerviren werden – und hier besteht nun ausnahmsweise ein Unterschied zu den natürlichen Viren – nicht von Mutter Natur und ihren zweifelhaften Launen, sondern von bösartigen Menschen kreiert. Hacker heißt man die Spitzbuben, die uns braven Usern mit ihren malignen Allmachtsphantasien das Leben so schwer machen *(Hacker sind ganz schlimme Finger mit Geltungsdrang).* Sie lassen ihre verderbten grauen Zellen kreisen, um uns mit den verschiedensten Viren zu beglücken. Denn wie die echten zeichnen sich auch die Computerviren durch eine unglaubliche Artenvielfalt aus. Hinter so schillernden Namen wie «I love you», «Alien», «Sandy» oder «Vampire» verbergen sich die unterschiedlichsten Bösewichter. Da gibt es zum Beispiel die «normalen» Dateiviren, die sich an Programme anhängen, um ihr destruktives Werk zu verrichten. Und dann gibt es noch die Bootviren, die so heißen, weil sie beim Booten des Betriebssystems aktiv werden. Makroviren haben ihren Namen von den Makros, den Miniprogrammen, mit denen man sich seine Textverarbeitung oder Tabellenkalkulation anpassen kann. Sie kommen nämlich über diese ins System.

Trojanische Pferde sind besonders tückisch. Sie tun so, als wären sie ein nettes Programm, doch kaum angeklickt entschlüpft ihnen der böse Code und macht kaputt, was ihm zwischen die Finger kommt. Eine Sonderform des Trojaners ist die «logische Bombe». Sie kann sich glücklicherweise, wie auch der Trojaner selbst und der sogenannte «Wurm», nicht selbst fortpflanzen.

Wollen wir es hierbei fürs erste bewenden lassen. Unser Platz ist leider beschränkt und so können wir unmöglich sämtliche Arten und Unterarten von Viren beschreiben – zumal es alles andere als einfach und unstrittig ist, die eine Sorte von der anderen zu unterscheiden. Selbst unter Wissenschaftlern gibt es gravierende Zuordnungsprobleme. Während die einen haarscharf unterscheiden, sind die anderen großzügiger und sprechen immer dann von einem virösen Programm, wenn es einen bösartigen Code enthält. Das kann dann auch schon einmal dazu führen, daß in einer wissenschaftlichen Abhandlung *Windows 98* als Virus eingestuft wird, als der Welt «längster, verbreitetster und gefährlichster Virus» sogar. «Behandelt wird dieser übrigens», heißt es in einer solchen Abhandlung, «mit der gleichen Arznei, die auch für alle anderen Arten von Viren indiziert ist: durch einmalige Gabe einer gesalzenen Dosis *Format c*!»

P.S: Übrigens: Oben schrieben wir von sogenannten «Würmern». Dazu fällt uns ein, daß uns während der Arbeit zu diesem Buch – oh beißender Spott des Schicksals! – ein besonderes ekliges Exemplar seiner Art in den Rechner gekrochen ist. «TR.IWorm.MTX» war sein Name, er hat uns jede Menge Ärger bereitet und dooferweise ist es uns bis zum Schluß nicht gelungen, ihn von unserem System zu löschen. Das heißt … Nun also, im Grunde kann da ja nichts passieren. Aber wenn Sie eine ganz ängstliche Natur sind, dann sollten Sie vielleicht doch einmal mit Sagrotan-Spray über die Seiten dieses Buches gehen …

Schwerer Ausnahmezustand

Ach, was lacht die Sonne frech durchs Fenster herein. Fünf vor fünf, gleich ist Feierabend, dann geht es ab ins Schwimmbad. Nur noch schnell den Satz zu Ende geschrieben, das Bild reinkopiert und dann – ist er da: the deep blue, der submarin dunkle Bildschirm mit der schicksalschwangeren Aufschrift «schwerer Ausnahmezustand an Adresse XXZ.» Großer Gott, jetzt ist es passiert! Windows ist Amok gelaufen, hat erst alle laufenden Programme abgeschossen und sich dann selbst aufgehängt! Was tun? Ist überhaupt noch was zu tun?

Nun, so elend wie Ihr Betriebssystem da vor sich hinbaumelt, werden Sie es nicht mehr so einfach zum Laufen bringen. Es hilft kein Zögern und kein Zaudern, Sie müssen die Backen zusammenkneifen und den Dornenweg gehen. Spreizen Sie dazu Ihre Patscherchen und drücken Sie beherzt die drei magischen Tasten nieder: «Strg, Alt, Entf, zu gleicher Zeit gedrückt, erwecken den Computer zu neuem Leben», versprechen uns einschlägige Computer-Handbücher.

Was sie uns leider verschweigen: Diese Reanimation durch den dreiteiligen Affengriff ist zwar der einzige Ausweg aus einem schweren Ausnahmezustand, gleichzeitig aber auch eine Art Schock-Therapie für unseren rechnenden Freund: Sie bewirkt bei ihm ein akutes Schädel-Hirn-Trauma mit vollständigem Verlust des Kurzzeitgedächtnisses – auf Computerisch: Sein Arbeits-Speicher entlädt sich ebenso schlagartig wie vollständig und sämtliche bis dato ungespeicherten Dokumente gehen verloren. Verschwinden. Machen sich auf in die ewigen Jagdgründe von Digitalien. Unwiderbringlich. Grußlos.

So ein schwerer Ausnahmezustand passiert immer genau eine Minute vor dem nächsten Abspeichern. Das ist ärgerlich. Manchmal sogar verdammt ärgerlich. Und selten – aber immerhin, es kommt vor – eine regelrechte Katastrophe. Aber was soll man machen? Stundenlang vor dem blauen Schirm sitzen und darauf hoffen, daß er sich irgendwann in Dunst auflöst, so daß unser Word-Dokument darunter wieder zum Vorschein kommt und wir weiter schreiben können, als wäre nichts geschehen? Sicher, Sie können es versuchen. Wir hindern Sie nicht. Warten Sie ruhig. Oder drücken Sie pausenlos auf das Esc-Knöpfchen. Sie wären nicht der erste, der dies versucht. Es wird Ihnen nur leider nichts nützen, glauben Sie uns! Nach einem Ausnahmezustand führt am Affengriff kein Weg vorbei. Das wissen natürlich auch die Microsoft-Programmierer. Es handelt sich also um beißenden Spott, wenn Sie uns nach dem erzwungenen Neustart folgende Meldung mit auf den Weg geben: «Da Windows nicht ordnungsgemäß heruntergefahren wurde, können mehrere Laufwerke fehlerhaft sein. Fahren Sie den Computer immer mit Beenden im Menü Start herunter, um dieses Problem zu vermeiden.»

Festplatten-Crash

Die Überschrift deutet es bereits an: Auf unserer kleinen Tour d'horizon durch die Pathologie des Computers kommen wir nun allmählich zu den wirklich lebensbedrohlichen Erkrankungen. Ein Festplatten-Crash ist eben etwas anderes als eine Plätzchen-Vergiftung. Nicht einmal eine mittlere Gehirnerschütterung, wie wir sie im vorherigen Abschnitt beschrieben haben, kann gegen den Zusammenbruch der Festplatte anstinken: Während nämlich bei jener nur der Verlust des Kurzzeitgedächtnisses zu beklagen ist, muß bei diesem auch mit dem Verlust des Langzeitgedächtnisses gerechnet werden. Ja, in schwerwiegenden Fällen kann das komplette Gedächtnis flöten gehen und somit die Identität des Compis ausgelöscht werden. Das kann zwar auch bei einer schweren Virus-Infektion passieren. Aber bei dieser bleibt der Computer immerhin in seiner Physis intakt. Beim Festplatten-Crash hingegen liegt neben dem psychischen immer auch ein handfestes somatisches Problem vor. Es gehen ja nicht nur die Daten, sondern die Festplatte an sich, das Organ höchstselbst über den Jordan – ein Umstand, der die Behandlungskosten enorm in die Höhe treibt!

Wie kommt es zu so einem Unglück wie dem Festplatten-Crash? Nun, die Literatur weiß von einer ganzen Reihe von Auslösern. Da wäre zunächst einmal das sukzessive Organversagen infolge von Altersschwäche. An und für sich ist so eine Harddisk ja ein ganz gewaltiger Datenspeicher. Aufgrund einer seltenen, dafür aber umso unbarmherzigeren Krankheit, kann sie aber zu einem regelrechten schwarzen Loch werden, durch das eine Datei nach der anderen ins Nirwana entschwindet. Es handelt sich dabei um einen schleichenden Prozeß, vergleichbar der Alzheimer-Erkrankung des Menschen, der langsam, gleichsam unbemerkt, beginnt, sich dann aber weiter und weiter steigert und schließlich in völliger Demenz endet. Das eigentlich Gemeine am digitalen Alzheimer ist eben dieses schleichende Moment der Erkrankung. Immer wieder führt es zu eklatanten Fehldiagnosen: Viel zu viele User sind geneigt, den Verlust der einen oder anderen wichtigen Datei ihrer eigenen Schusseligkeit zuzuschreiben und dies mit Sätzen wie «Mist, die muß ich wohl gelöscht haben!» zu quittieren. Auch wenn es auf den ersten Blick anders aussieht: Hinter solcher Vermutung steckt selten eine bescheidene, um die eigene Fehlbarkeit wissende Geisteshaltung. Dahinter steht vielmehr fast immer eine bodenlos naive Gutgläubigkeit, die mit den Worten «Computer irren nicht» umrissen werden kann.

Streng unterschieden werden vom digitalen Alzheimer muß das akute Organversagen infolge äußerer Gewalteinwirkung. Wenn zum Beispiel ganz plötzlich der Strom wegbleibt, dann fühlt sich so ein Computer ähnlich wie ein Mensch, dem die Kehle zugeschnürt wird. Hierbei besteht, ähnlich wie beim Eindringen feinsten Staubes in das an sich hermetisch versiegelte Festplattengehäuse, die Gefahr, daß sich der Schreib- und Lesekopf um wenige Milimeter-Bruchteile aus seiner Schwebefahrt über die Platte herabsenkt, diese berührt und tiefe Kratzer hineinreißt. Ein schweres Cerebral-Trauma ist die sofortige und unabwendbare Folge!

Was nun die Behandlung eines Festplatten-Chrashes angeht, so kann hier in Bezug auf beide Varianten nur noch einmal wiederholt werden: Ein Zusammenbruch der Harddisk ist keine Verkühlung, ihm ist mittels Tastatur nicht beizukommen. Um es ganz deutlich zu machen: Wir sprechen hier nicht von Software. Hardware ist unser Thema. Verdammt, da muß geschnitten werden!

Richtig! Raus muß die Platte, mit all dem eitrigen Datenmüll in ihrer Umgebung. Eine neue muß her. Organtransplantation nennt man das! Operation am offenen Herzen! Mit Komplikationen ist zu rechnen. Im Innern des Computers wird's eng. Er ist für malayische Kinderhände konstruiert. Doch diese haben Sie nicht! Und trotzdem: Die OP kann nicht verschoben werden. Also nur nicht zaghaft sein! Nehmen Sie den Patienten vom Netz, öffnen Sie ihn! Los, beherzter Griff zum Messer, rasch die Leitungen zwischen Platte und Motherboard durchtrennt und raus mit dem Pestgeschwür! Rasch die neue Harddisk her, ran an die Stromversorgung, schnell die dünnen Leitungen gekittet! So, das hätten wir!

Das heißt, ein kleines Etwas fehlt ja noch. Ihre neue Festplatte ist jetzt so blank wie Yul Brynners Hinterkopf. Sie müssen sie ihr erst wieder Leben einhauchen, will heißen: ein Betriebssystem aufspielen. Was für ein Akt das ist, haben Sie ja weiter oben erfahren. Einem Neugeborenen das große Einmaleins beizubringen, ist einfacher! Doch motzen Sie nicht, seien Sie froh, daß man so etwas wie das Betriebssystem und wichtige Programme überhaupt wieder herstellen kann. Mit Ihren persönlichen Dokumenten geht das ja nicht ohne weiteres. Die sind nach einem Festplatten-Crash wohl für immer und ewig perdu – es sei denn natürlich, Sie haben sie vorher auf Diskette, CD oder Band gesichert. Aber wer macht das schon regelmäßig? Den allermeisten geht es nach einem Zusammenbruch der Platte wohl eher wie jenem namenlosen Poeten, dessen anrührende Zeilen wir irgendwo im Internet fanden. Wir wollen sie Ihnen nicht vorenthalten:

YESTERDAY

Yesterday,
All those backups seemed a waste of pay.
Now my database has gone away.
Oh I believe in yesterday.

Suddenly,
There's not half the files there used to be,
And there's a milestone hanging over me
The system crashed so suddenly.
I pushed something wrong
What it was I could not say.
Now all my data's gone
and I long for yesterday-ay-ay-ay.

Yesterday,
The need for back-ups seemed so far away.
I knew my data was all here to stay,
Now I believe in yesterday.

Wir bedanken uns ganz herzlich für dieses schöne Stückchen Online-Lyrik!

Medizinische Hilfe?

Nach all den Virusattacken und Festplattenproblemen ist es höchste Eisenbahn, daß wir hier endlich den Doc antanzen lassen. Wollen doch mal sehen, ob so einem Computerproblem nicht beizukommen ist!

Zuerst begrüßen wir Dr. Watson. Der aus der englischen Kriminalistik bestens bekannte Analytiker ist auf unserem System zuständig für Programmabstürze aller Art, schwere

Ausnahmezustände sind sein Spezialgebiet. Wann immer es zu einem Absturz kommt, steht Watson auf der Matte und protokolliert genau mit. Seine Analyse sieht immer irgendwie so aus: (30000000 – 30525000) WinWord.DBG; (77f70000 – 77fce000) dll\ntdll.dbg; (30b50000 – 30cce000) wwintl32.DBG; (77f00000 – 77f62000) dll\kernel32.dbg, (77e70000 – 77ec4000) dll\user32.dbg, (77ed0000 – 77efc000) dll\gdi32.dbg, (77dc0000 – 77dfe000) dll\advapi32.dbg. Und so weiter und so fort. Ein derartiges Protokoll sagt den meisten von uns natürlich ziemlich wenig. Es ist eben immer noch nicht jeder User ein diplomierter Informatiker.

Davon einmal ganz abgesehen, wollen wir im Grunde auch gar nicht so sehr wissen, welches Modul da jetzt an welcher Adresse eine Zugriffsverletzung verursacht hat, sondern wir würden ganz gerne erfahren, wie wir diesen Crash das nächste Mal vermeiden könnten. Aber genau hier läßt uns Dr. Watson ganz fürchterlich im Stich. Er ist für die Anamnese zuständig. Die Medikation ist seine Sache nicht – ganz zu schweigen von der Königsdisziplin der ärztlichen Kunst. Das Operieren, die Fehlerbehebung im engeren Sinne, ist Dr. Watson so fremd wie dem Affen das Speiseeis.

Heißen wir also seinen Kollegen, Herrn Norman willkommen! Norman ist Mediziner wie Watson auch. Daß er keinen Dr. im Namen hat, tut nichts zur Sache; es muß ja nun wirklich nicht jeder Arzt promoviert haben. Norman ist auf Virus-Infektionen spezialisiert. Wie die meisten seiner Fachkollegen läßt er sich seine Dienste eine hübsche Summe Geldes kosten. Dafür sollten wir dann aber auch wirklich erwarten dürfen, daß er unseren moribunden Rechner wieder auf die Beine bringt!

Zunächst einmal tut Norman so ziemlich das Gleiche wie Watson auch. Er betritt das Zimmer des Kranken, beugt sich über sein Bett, tastet hier, horcht dort, dann er stellt eine

Anamnese auf. Ohne scheint es wohl in der Medizin nicht zu gehen! Aber im Gegensatz zu Watson braucht Norman für seine Analyse eine ganze Weile länger. «Aha», vermuten wir, «er guckt sich unseren Patienten wohl etwas genauer an!» In der Tat, als Norman fertig ist, hat er ihn auf einige 10000 Viren überprüft. Und wie es angesichts des armseligen Zustandes unseres Rechners nicht anders zu erwarten war, hat er tatsächlich welche gefunden. Mitten im Betriebssystem sogar!

Phase 2: Wir, also die Besitzer des sterbenskranken Rechners, müssen uns nun mit dem Doc absprechen und über die weiteren Behandlungsschritte verständigen. «Reparieren» sagen wir nach kurzer Besprechung und fügen kleinlaut murmelnd hinzu, daß uns der Ausdruck «operieren» besser gefallen hätte. Norman packt seine Geräte aus und verschwindet wieder im Krankenzimmer. Die riesige Knochensäge, die wir im trüben Licht der Deckenfunzel kurz aufblinken sehen, jagt uns einen gewaltigen Schrecken ein. Ja, hat denn der Mensch noch nichts von minimal-invasiver Chirurgie gehört?

Unruhig gehen wir vor dem Zimmer auf und ab. Bei jedem Schrei unseres kleinen Lieblings nebenan zucken wir in den Knien zusammen. Wir müssen eine ganze Weile so leiden, dann öffnet sich die Tür, Norman tritt hervor und wischt sich den Schweiß von der Stirn. «Und?» fragen wir voller Ungeduld. «Tja», druckst Norman, «das war eine ziemliche komplizierte Operation. Aber ich bin erfolgreich gewesen: Alle Viren entfernt.» Nur habe er, fügt er nach ein paar schweigsamen Minuten hinzu, dazu eine wichtige System-Dateien herausschneiden müssen. Was das heißen soll, wollen wir wissen. Doch Norman schweigt. Lauter fragen wir: «Was soll das heißen?» Norman schweigt noch immer. Als wir zum dritten Mal ansetzen, öffnet sich schüchtern sein Mund. Norman guckt betreten auf seine Zehenspitzen hinunter, dann murmelt er: «Operationen gelungen, Patient tot!»

Wenn gar nichts mehr geht: Der Service

Es ist passiert: die Kiste streikt. Nicht einmal booten läßt sie sich und die Festplatte macht Geräusche wie ein Käfer mit Kolbenfresser. In seiner Verzweiflung ruft der PUPS nach Service, doch man versteht ihn nicht, denn Service ist in Deutschland ein Fremdwort. Viele Computerhändler fragen sich: Service, was soll das sein? Wie spricht man das überhaupt aus? Gibt es das auch in Deutsch?

Deshalb hier ein wenig Berufshilfe aus dem Brockhaus:
«Service [s'a:vis, engl.] der; Dienst, Bedienung, Dienstleistung, Kundendienst.»

Von wegen Garantie …

«Zosch, peng, schnatter!» Der PUPS ist mitten im heißesten Bildschirmkampf; die lasergesteuerten Glibber-Geschosse der feindlichen Hirschkopf-Ranger von Beteigeuze fliegen ihm nur so um die Ohren. Jetzt kommt so ein dicker, fetter Schleimbatzen geradewegs auf ihn zugeflogen! Gerade noch rechtzeitig findet der PUPS hinter einer grobpixeligen Felsenwand Deckung. Mit vor Aufregung zitternder Hand entschärft er ein Neutrino-Tesa und schleudert es in die Richtung seiner Feinde. Er hat gut gezielt: Wie eine gigantische Frisbee fräst sich das Tesa durch die Luft und landet unabwendbar zwischen den Geweihen der Hirschkopf-Ranger, die es schlagartig verklebt. Solchermaßen an den Hörnern gefesselt ist es ein leichtes für den PUPS, ihnen mit einer dreifachen Stinkbombe den Garaus zu machen. Mit ohrenbetäubendem Lärm schlägt diese zu Füßen der Ranger ein. Mit höllischem Zischen fräßt sich ihr giftig-stinkender Rauch zu ihren Hirschnasen empor. Jetzt dringt er zu ihren weit geöffneten Nüstern ein. Mit vor Entsetzen aufgerissenen Augen gehen die Hirschkopf-Ranger in die Knie und mit einem markerschütternden, lang anhaltendem Schrei verenden sie.

Doch was ist das? Auf einmal driftet das bassige Röhren in immer höhere Höhen ab. Schon fiept es in sopranenen Höhen und jetzt gar im Sinus-Ton. Und dann macht es Bums und tut gar nichts mehr. Kein Laut nirgends. Soundkarte gefetzt, noch kein halbes Jahr nach dem Kauf!

«So ein Mist aber auch!» flucht der PUPS, als er seine schwere Daddelkiste einem Mitarbeiter der TipTop-Computer-Abteilung vor die Füße knallt. «Das Ding ist kaputt. Ich hab' aber noch Garantie!» Aufmerksam mustert der Mitarbeiter das Gerät, er guckt auf Gehäuse-Nummer und Typenschild. Dann richtet er sich auf und grinst dem PUPS ins Gesicht: «Tja, das ist die Shila PIII/900. Die war ja damals so günstig. Auf die gibt's 'ne Hersteller-Garantie.» Dann erklärt er dem PUPS in kurzen Worten, daß er sich selbst mit dem Hersteller der Soundkarte in Verbindung setzen müsse, um diesen Garantiefall abzuwickeln. «Na, schnufte!», entfährt es dem PUPS und er schultert das Gerät erneut, um unverrichteter Dinge den Heimweg anzutreten.

Zuhause angekommen, sucht er in seinen Unterlagen nach einer Beschreibung zur Soundkarte. Doch er kann suchen, so lange er will, er findet keine. Dabei hat er doch alles so akkurat verwahrt! Es hilft nichts, der PUPS muß bei TipTop anrufen. Ob man ihm eine Ersatzbeschreibung zu seiner Soundkarte vermachen könne? Leider nein. Schade, aber man könne ihm doch sicher sagen, von welchem Hersteller seine Soundkarte sei! Leider auch nicht. In der Modellreihe Shila PIII/900 seien die unterschiedlichsten Soundkarten verbaut worden, sagt der Mensch am anderen Ende der Strippe, je nach dem, welche gerade auf Lager waren. «Und wie kann ich dann herausfinden, an wen ich mich wenden muß, um eine Ersatz-

Soundkarte zu bekommen?», fragt der PUPS leise. «Rechner aufschrauben und auf den Aufkleber auf der Karte kucken», entgegnet der TipTop-Mitarbeiter knapp. Dann hängt er ein.

Mit hängenden Schultern schleicht der PUPS zu seiner Shila und schraubt ihr den Blechpanzer vom Leib. Dann wühlt er in ihren Eingeweiden, reißt aus Versehen eine Vene entzwei und bricht um ein Haar ein Knöchelchen aus seinem Gelenk. Lange findet er die Soundkarte nicht, dann endlich hat er sie. Hinten gehen die Kabel zu den Boxen raus, das muß sie einfach sein. Aber huch? Wo ist denn der Aufkleber mit den Herstellerangaben? Kann es wirklich wahr sein, daß die malayischen Kinderhände in ihrer infantilen Sorglosigkeit vergaßen, ihn aufzukleben?

Hotlines werden mit Kohle befeuert

Kaum ist das Desaster mit der Soundkarte überstanden, ist der PUPS plötzlich mit einem Problem konfrontiert, gegen das ihm der Verlust von ein paar Geräuschen wie Kinderkram erscheint: Der Hauptprozessor hat das Zeitliche gesegnet. Der PUPS weiß das natürlich nicht. Alles, was er auf dem Bildschirm sieht, ist, daß er nichts sieht. «Na, dann soll er eben mal schnell die Service-Hotline des Herstellers anrufen», werfen Sie jetzt vielleicht ein. Hm, da müssen wir aber vermuten, daß Sie das selbst noch nicht versucht haben, denn die Service-Hotline eines Computerherstellers anzurufen, ist eines der letzten Abenteuer der zivilisierten Menschheit. Lassen Sie sich darauf nur ein, wenn

- Ihr Leidensdruck wirklich groß ist, oder
- Sie verdammt hart drauf sind

Falls Sie es tatsächlich wagen, hier noch eine kleine Survival-Anleitung:

Am besten, Sie nehmen sich einen Tag Urlaub – oder zwei. Stellen Sie Ihren Wecker auf vier Uhr und rufen Sie die Service-Nummer ohne Verzögerung an. Wahrscheinlich ist belegt. Hotlines sind immer belegt, egal wann man anruft. Geben Sie aber nicht auf. Sagen Sie sich: «Ich schaffe das, ich glaube an mich!» und drücken Sie Wahlwiederholung bis Ihr Zeigefinger taub wird. Irgendwann kommen Sie durch. Eine freundliche Computerstimme weist sie dann darauf hin, daß alle Service-Plätze belegt sind und sie «noch ein wenig Geduld» aufbringen sollen. Währenddessen rattert Ihr Gebührenzähler wie ein Brummkreisel, denn Service-Hotlines sind grundsätzlich 0180er oder 0190er-Nummern, an denen sowohl die Telekom als auch der Anbieter dick verdienen.

Wenn Sie nach 20 Minuten immer noch «ein wenig Geduld» hören, verlieren Sie diese voraussichtlich und bekommen einen Wutanfall. Schreien Sie ruhig in die Leitung, es hört Sie eh niemand. Irgendwann, wenn Sie schon gar nicht mehr damit rechnen, ist es dann soweit: es knackt in der Leitung, dann tutet es und … Sie sind rausgeflogen.

Wiederholen Sie die gesamte Prozedur vier- bis fünfmal. Wenn Sie bereits kurz vor dem Nervenzusammenbruch stehen, knackt es wieder und endlich geschieht es: eine freundliche Computerstimme geleitet sie durch einen «Entscheidungsbaum», um Sie zu Ihrem hochspezialisierten Fachkundenberater durchstellen zu können:

«Wenn Sie Fragen zu unseren Druckerserien Highprint 457c oder Laser 34XX haben, drücken Sie bitte die 1!»

«Wenn Sie Fragen zu unserem Modem Dial Super FV haben, drücken Sie bitte die 2!»

«Wenn Sie tabulosen Blondinen beim Baden zuhören wollen, drücken Sie bitte die 5!»

Hoffentlich haben Sie ein Telefon mit Tonwahlverfahren, sonst müssen Sie spätestens jetzt passen. Und bloß nicht vertippen, sonst sitzen Sie am Ende auf einem völlig falschen Zweig des Entscheidungsbaumes!

Wenn Sie nach langer Prozedur tatsächlich einen Menschen aus Fleisch und Blut am anderen Ende der Leitung haben, sind locker 50 Minuten vergangen. Doch dann geht es erst richtig los: Der in mehreren Kommunikations-Kursen geschulte Call-Center-Mitarbeiter wird Sie minutenlang begrüßen, Sie beglückwünschen, daß Sie diese Hotline gewählt haben, Sie nach dem Wetter in Ihrer Stadt und nach dem Wohlbefinden Ihrer Verwandten fragen. Wenn Sie endlich Ihr Problem geschildert haben, wird er sagen, daß er sich da erst mal kundig machen muß und Sie bitten, noch einmal anzurufen. Zu diesem Zeitpunkt sind Sie bereits um etwa 100 Euro ärmer. Sollten Sie nun etwas ungehalten fragen: «Kann es sein, daß Call-Center absichtlich Zeit schinden, um den Kunden das Geld aus der Tasche zu ziehen?», werden Sie voraussichtlich folgende Antwort erhalten:

«Ob Call-Center absichtlich Zeit schinden, um den Kunden das Geld aus der Tasche zu ziehen? ... Einen Augenblick, da muß ich mal bei meinen Kollegen nachfragen ...»

NACH DEM TOD

Traurig blicken Sie auf Ihren toten Rechner hinab. Mausetot liegt der zu Ihren Füßen. Kein Zureden, kein Krabbeln am Kühler können ihn wieder lebending machen. Nicht einmal der Doc bringt ihn auf die Beine zurück. Was ist zu tun?

Nun, lassen Sie zunächst ruhig ein paar Wochen der Trauer ins Land ziehen! Versuchen Sie, über das Ableben Ihres kleinen Freundes hinwegzukommen! Setzen Sie sich ein letztes Mal mit ihm auseinander, denken Sie an all die schönen Erlebnisse zu zweit!

Nach Ablauf der vierwöchigen Trauerfrist sollten Sie sich allerdings kräftig am Riemen reißen. Zuviel Heulen trocknet Ihren Körper aus. Und von Ihrem Gejammer wird der Rechner ja auch nicht wieder lebendig. Apropos lebendig: So leblos wie er da seit Wochen in Ihrem Büro rumsteht, fängt er sicher bald zu gammeln an. Also ab in die Tierkörperverwertung damit? Eigentlich ja, doch die Sache hat einen Haken: Tote Computer gelten als Elektronikschrott und dieser muß wie aller Sondermüll gebührenpflichtig entsorgt werden.

Billiger ist es also auf jeden Fall, den abgelebten PC zu behalten. Die Frage ist nur: Was damit anfangen? Nahe liegt ein Einsatz als Buchstütze. Dies bietet sich an, wenn der Tote ein Tower war. War er ein Desktop, läßt er sich jetzt als Warmhalteplatte verwenden.

Sie können auch ausprobieren, ob nicht vielleicht doch noch einige Organe Ihres Rechners funktionieren. Es ist ja gut möglich, daß bei seinem Tod nicht gleich alle futsch gegangen sind. Relativ oft sogar passiert es, daß nur der Prozessor abstirbt. Gesetzt den Fall, wäre Ihr Computer jetzt lediglich hirntot! Das wäre ein großer Glücksfall für Sie. Das Gebläse von hirntoten Computern kann man nämlich blendend als Föhn benutzen. Gut, Ihr schulterlanges Deckhaar wird der Propeller eines 386 nicht trocken bekommen. Aber vielleicht das Fell Ihres Zwerghamsters ....

Die Metamorphose des USERS

Wir haben nun die Beziehung eines Menschen mit einem Computer bis zum Tode des einen Partners begleitet. Wie aber ist es um den Überlebenden bestellt? Welche Schäden hat er durch das Zusammenleben mit seinem elektronischen Freund davongetragen? Der PUPS würde wohl behaupten: «Gar keine». Aber das ist lächerlich! So unterschwellig, daß er es gar nicht bemerkte, hat ihn sein Computer beinflußt und verändert. Es war eine regelrechte Gehirnwäsche, die er täglich vor dem Bildschirm durchlief. Und wie es ihm erging, ergeht es Millionen. Nicht alle bleiben dabei ewige DAUs (Dümmste anzunehmende User). Manche mutieren zu viel viel schlimmeren Kreaturen. Das hat nur einen Namen verdient: Freakshow.

Computerfreaks sehen irgendwie seltsam aus

Computerfreaks sind dick, picklig und haben Panzerglasbrillen – ein übles Klischee. Aber wahr. Was will man auch erwarten, wenn einer 20 Stunden am Tag gekrümmt über einem Brett mit 102 Tasten kauert, auf eine flimmernde Glasscheibe stiert und sich dabei Pringles hinter die Kiemen schiebt? Die Fusselbärte und schütteren Pferdeschwänze, die gerne mit dem beschriebenen Styling kombiniert werden, sind übrigens weniger Ausdruck einer rebellischen Haltung, als ein Hinweis auf ein Desinteresse am Körperlichen generell.

Computerfreaks sind vergeistigte Menschen. Nur funktioniert ihr Geist halt etwas anders als bei anderen. Doch dazu mehr im nächsten Kapitel.

Computerfreaks sind irgendwie seltsam drauf

Das Seltsame ist ja eigentlich nicht, daß sich Computerfreaks den ganzen Tag mit ihrem Computer befassen. Schließlich erwartet man das von einem Computerfreak. Seltsam ist auch nicht, daß Computerfreaks ein persönliches, ja erotisches Verhältnis zu ihren Rechenknechten entwickeln, ihnen Namen geben, auf sie einreden und je nach Stimmung streicheln oder treten. Seltsam ist nicht einmal, daß sich

Computerfreaks auf Computerbörsen treffen und dort gemeinsam einer regelrechten Computernostalgie frönen. (Ein alter Commodore 64 oder Atari 1040 erzielt inzwischen Liebhaberpreise, obwohl sein Nutzwert heute gleich Null ist). Diese Emotionalität macht Computerfreaks sogar irgendwie sympatisch.

Was aber echt total seltsam rüberkommt, ist die Tatsache, daß sich Computerfreaks nach und nach der Denkweise ihrer Maschinen annäheren. Computerfreaks denken im binären Code. Bei Ihnen gibt es keine graduelle Abstufung der Gefühlsskala in 3000 Pastelltönen, wie man sie etwa bei Musiktherapeutinnen findet. Computerfreaks verfügen nicht mal über das dreistufige Modell eines Eisendreherlehrlings: Scheiße, mittel, geil. Nein, für Computerfreaks gibt es nur die Entscheidung zwischen 0 oder 1, an oder aus, ja oder nein, wahr oder falsch.

Die Folge: Denken und Fühlen von Computerfreaks ist völlig inkompatibel zum Denken und Fühlen normaler Zeitgenossen. Normale Menschen haben nachweislich keinen Interpreter oder Compiler, der es möglich macht, die Maschinensprache zu verstehen.

Möglicherweise sind Computerfreaks in der Lage, 80.000 An-Aus-Entscheidungen pro Sekunde zu treffen, doch qualifiziert sie dies noch lange nicht zu Gesprächen über Musik, Malerei oder gar Frauen. Da sind nämlich Zwischentönehören-Können und Zwischen-den-Zeilen-lesen-Können gefragt. Gehen Sie mal mit einem Computerfreak in ein Konzert und fragen Sie ihn, wie es ihm gefällt. Sie werden Ihr blaues Wunder erleben: «Das Orchester hat 82,5 % der Akkorde sauber gespielt. Mein *Soundblaster Pro* schafft 100%.» Und Frauen kennen Computerfreaks sowieso nur als Bitmaps mit 72 dots per inch.

Cracker sind ganz schlimme Finger

Cracker sind die Capones der Informationsgesellschaft. Im Gegensatz zu ihren Vorfahren haben sie jedoch keine massigen Körper und finstere, mit Narben übersäte Gesichter. Nein, Cracker sind harmlos aussehende Männlein von nebenan. Typ Sparkassenangestellter: Blaß, ein wenig aufgeschwemmt, mit sauber gescheiteltem Haupthaar. Auch ballern Cracker nicht wild in der Gegend herum oder hauen Leute mit bloßen Fäusten zu Klump. Nein, diese Typen machen sich niemals die Hände schmutzig. Sie treiben ihr Unwesen vielmehr im Stillen am Rechengerät und hecken dort allerlei Ungemach aus, mit dem sie die Computergemeinde überziehen können.

Je mehr wir uns vernetzen, desto leichter machen wir es diesen Cyber-Schurken und je mehr Lebensbereiche wir über den Computer abwickeln, desto mehr Ansatzpunkte bieten wir ihnen.

Ihr Name kommt übrigens aus dem Englischen, von «to crack», was auf Deutsch soviel wie «knacken» bedeutet. Cracker knacken alles mögliche, beginnend beim Kopierschutz von Computerprogrammen, was ja noch vergleichsweise harmlos anmutet. Da verliert höchstens Bill Gates ein paar Promille seines Riesen-Reichtums. Aber Cracker knacken auch Passwörter und verschaffen sich so Zugang zu geheimen Datenbanken von Firmen, Behörden oder gar Militäreinrichtungen. Die so gewonnen Daten verkaufen sie dann teuer an das Konkurrenzunternehmen, den gegnerischen Geheimdienst oder Osama Bin Laden.

Mir doch egal, denken Sie? Na gut, es geht auch persönlicher: Cracker können sogenannte trojanische Pferde in Ihren Computer einschleußen. Das sind fiese Programme, die sich unter einem harmlosen Mäntelchen verstecken und im Hintergrund ihres Betriebssystems aktiv werden. Sie können auf Ihrem Rechner z.B. heimlich eine Art Sever einrichten. Das heißt: jedesmal, wenn Sie online gehen, werden Daten übermittelt, ohne daß Sie etwas davon merken. So kann Ihre PIN beim Computerbanking erschnüffelt werden oder Ihre persönlichen Daten verwendet werden, um unter Ihrem Namen böse Dinge zu tun.

Unwahrscheinlich, daß es mich trifft, denken Sie? Na, was halten Sie dann davon: Falls Sie einen Rechner mit Pentium III Prozessor besitzen, sendet dieser ungebeten eine Referenznummer ins Netz, die es erlaubt Ihren Computer eindeutig zu identifizieren. Schalten Sie diese Funktion im BIOS lieber aus! Sonst heißt es bald nicht mehr «big brother ist watching you», sondern «intel outside».

Hacker sind ganz schlimme Finger mit Geltungsdrang

Ein noch übleres Gesindel als die Cracker sind die Hacker. Während sich Cracker wenigstens wie ehrliche Verbrecher benehmen, gebärden sich Hacker als Robin Hoods des Computerzeitalters. Sie dringen in Firmennetzwerke ein, spionieren Daten aus, verändern Programme, bringen Viren in Umlauf, nur um ihre Cleverness unter Beweis zu stellen. Hacker legen besonders viel Wert darauf, daß ihre Taten bemerkt werden. Plötzlich installiert sich ein Hintergrundbild, das den nackten Hintern des Schlaumeiers zeigt und dazu läuft immer wieder ein animierter Schriftzug «He he, it's me: Hackman» über den Screen.

Hacker leiden unter einer persistenten Profilneurose, kombiniert mit malignen Allmachtsphantasien. Die Gründe hierfür sind vielschichtig und können an dieser Stelle kaum hinreichend erörtert werden: Weil sie dick und picklig sind und im Schulsport nie in die Mannschaft gewählt wurden oder weil sie beim Tanzkurs nie ein Mädchen abbekomen haben. Weiß der Teufel. Eigentlich ist uns das auch völlig egal. Jedenfalls nerven Hacker tierisch mit ihrer Mama-schau-mal-was-ich-alles-kann-Masche.

Und wenn sie dann mal erwischt werden, winden sie sich wie Aale, um noch sauber aus der Nummer rauszukommen. Dann behaupten sie doch allen Ernstes, sie hätten nur gehackt, um die Öffentlichkeit wachzurütteln und zu zeigen, wie anfällig die Systeme sind. Klar. Genauso wie der phillipinische Student, der mal kurz zeigen wollte, daß man mit einem Virus namens «I love you» mirnixdirnix 18 Milliarden Mark Schaden anrichten kann. Super! Darauf haben wir alle gewartet, Idioten!

AUSBLICK

Unser Buch geht nun langsam zur Neige. Wir hoffen, das ganze Fiasko der Computerei möglichst umfassend beschrieben zu haben. Bleibt zum Ende des Buches eigentlich nur noch der Blick in unsere elektronische Glaskugel: Mal kucken, wie Digitalias nahe Zukunft aussieht! Oh weia! Wir sehen da ein ganz unheimlich, gigantisches Cha … Aber lesen Sie doch bitte selbst!

DER PC IST TOT – ES LEBE DER PC!

Wenn wir bisher über Krankheit und Tod des PC sprachen, so hatten wir dabei immer ein Einzelstück, ein Individuum sozusagen, vor Augen. Nun kann man das Schicksal des PC aber nicht nur aus dieser psychologischen Perspektive heraus betrachten, sondern auch gleichsam soziologisch. Es geht dann um die Gattung PC an sich. Seit geraumer Zeit schon wird ja gemunkelt, mit der Zukunft des PC sei es so weit nicht her. Zu teuer und überproportioniert seien die Kisten. Tja, vielleicht geht es den PCs ja wirklich einmal wie dereinst den Dinosauriern: Ein besonders kalter Winter sucht die nördliche Hemisphäre heim und weg isser, der Personal-Computer. Verschwunden im ewigen Eis. Für immer und ewig. Einfach ausgestorben.

Was käme dann? Die pompöse Rückkehr der analogen Welt? Mit Sicherheit nicht. Da sind die Digitroniker vor! Sie werden mit ihrem krankhaften Fortschrittswahn schon dafür sorgen, daß das System der Bits und Bytes nicht aus den Fugen gerät. Im Gegenteil: Getreu dem Motto «Jetzt erst recht!» werden sie alles daran setzen, unsere schöne, reale und analoge Welt vollends zu virtualisieren und zu digitalisieren.

Das alles klingt nach kakophoner Zukunftsmusik, indes: die Zukunft hat schon begonnen. Allen voran der Gralshüter der Welt von 0 und 1, Bill Gates, lebt seine Vision vom digitalen Menschen schon heute. Wie uns nämlich die Zeitung *BZ* berichtet, gibt es «in seinem 60 Millionen Dollar teuren Haus am Lake Washington bei Seattle – wo auch Frau Melinda und seine dreijährige Tochter Jennifer Katherine leben – (...) digitale Bilderrahmen. Deren Inhalt wird von einem Chip am Handgelenk der Besucher gesteuert, auf dem die Vorlieben gespeichert sind.»

Eine harmlose kleine Spielerei? Mag sein, doch bei weitem nicht die einzige ihrer Art, die uns die nahe Zukunft bringen wird. Und wer weiß, ob wir der digitalen Gaudinicht ganz schnell überdrüssig werden, wenn wir irgendwann von Bits und Bytes regelrecht umzingelt sind. Der Trend zeichnet sich ja schon heute ab: Den Organizer haben wir in der Anzugtasche, den Handheld im Köfferchen. Und während wir mit unserem Fernseher Spielfilme herunterladen, erledigen wir per WAP-Handy schnell noch ein paar Online-Bankgeschäfte.

In immer mehr Geräte ziehen die elektronischen Chips ein. Wie die Karnikel vermehren sie sich und machen sich die Welt untertan. Zeitungsberichten zufolge sollen schon bald in die ersten Klamotten Chips eingenäht werden. Und die Zentralheizung fürs Einfamlienhaus, die sich per Datenverbindung aus der Ferne regeln läßt, ist bereits in der Probephase. Vorläufig letzter Schrei der Digitroniker: der Kühlschrank mit Internetanschluß. Oben über der Tür ist ein Strichcode-Scanner angebracht, eines von den Dingern, die man von der Supermarktkasse kennt. Wenn man dem Kühlschrank jetzt zum Beispiel ein Bier aus dem Bauch nimmt, zieht man es anschließend am Scanner vorbei. Der intelligente Schneemann weiß dann: «Aha, ich habe ein Bier weniger im Bauch!» Wenn ihm irgendwann das letzte entnommen wird, loggt er sich selbständig ins Internet ein und bestellt beim Getränkegroßhändler einen neuen Kasten. Schöne neue Welt!

Beam me up Scotty, there's no intelligent life on earth yet

In dem großartigen Science-Fiction-Thriller «Westworld» gerät Yul Brynner in einem stilecht nachgebauten Wildwest-Freizeitpark in Todesgefahr, als menschenähnliche Roboter außer Kontrolle geraten und Amok laufen. Diese beklemmende Vision stammt bereits aus dem Jahr 1972.

Wird es in der Realität jemals so weit kommen? Wird die Menschheit eines Tages von überlegenen künstlichen Lebensformen bedroht werden? Die Wissenschaftler beruhigen uns: Nein, vorher wird die Menschheit von überlegenen *natürlichen* Lebensformen bedroht werden, denn die Gentechnik ist noch schneller als die Elektronik.

Spaß beiseite. Die entscheidende Frage ist: Warum ist der Mensch so erpicht darauf, sich selbst überflüssig zu machen?

Die gesamte Moderne folgte der Vision, menschliches Leben und Arbeiten leichter und komfortabler zu gestalten. Man nannte das «Fortschritt». Maschinen ersetzten nach und nach unsere Gliedmaßen und heute, am Ende des Industriezeitalters, wird der menschliche Körper im Produktionsprozeß praktisch nicht mehr benötigt. Um physisch nicht völlig zu verfallen, schleppen wir uns in Fitnessstudios, wuchten dort sinnlos Gewichte herum und zahlen dafür 150 Mark im Monat.

Seit es Elektronenhirne gibt, sind wir nun auch dabei, unseren Geist sukzessive zu ersetzen. Am Ende des Informationszeitalters wird auch er im Produktionsprozess nicht mehr benötigt werden. Dann müssen wir täglich im Brain-Center trainieren, um nicht völlig zu verblöden. Hält man sich dies vor Augen, erscheint es doch gar nicht mehr so tragisch, daß die Menschheit im Rahmen einer künftigen Evolution von wirklich intelligenten Lebensformen verdrängt wird.

Die Evolution beschleunigt zu haben, ist womöglich der einzige Verdienst des Homo sapiens sapiens.

DIE AUTOREN

Matthias Sommer wurde 1971 in Würzburg geboren. Er lebt und arbeitet als Autor und freier Journalist in Berlin. Er über sich:

Wie kam ich zum Schreiben?
Zum Schreiben kam ich bereits im zarten Alter von acht Jahren – mehr oder weniger aus einer Zwangslage heraus: Meine gerade gegründete Pudding-Manufaktur hatte ich aus wirtschaftlichen Gründen aufgeben müssen, bevor der erste Pudding ausgeliefert war. Die Suche nach einem neuen Betätigungsfeld trieb mich dazu, versuchshalber Walt Disneys «Dschungel-Buch», das ich gerade im Kino gesehen hatte, nachzuerzählen. Ohne daß ich es ahnte, hatte ich 1979 das inzwischen so erfolgreiche Genre «Buch zum Film» geboren!

Björn Pfeffermann wurde auch 1971 in Würzburg geboren. Seit 1993 ist er als Autor tätig: Sketche und Satiren für verschiedene Hörfunk- und Fernsehproduktionen, u. a. für «Sketchupp», «Kanal fatal», «hallo Schröder», «RTL Samstag Nacht», «Die Wochenschow» und «Manngold».

Bei Rake erschienen:

101 Gründe Kein Auto zu fahren
von Björn Pfeffermann & Matthias Sommer

Fiasko Computer
von Björn Pfeffermann & Matthias Sommer

(K)Ein Urlaub in Italien
von Matthias Sommer

Ausserdem bei Rake erschienen

FIASKO SEX!

Der Autor P.W. Fischer informiert uns über die Geschichte des Sex von Adam («Wenn es bei der Rippensache geblieben wäre, hätten wir all den Stress natürlich nicht!») bis in unsere multimedial gesättigte Gegenwart. Sex ist überall, Sex ist immer gegenwärtig. Sex macht Spaß. Und verleitet zu Handlungen, die den Verlauf der Weltgeschichte bestimmen. Dieses Buch ist vor allem für diejenigen geschrieben, die den wahren Hintergrund unserer Existenz begreifen wollen!

FIASKO SEX
von P.W. Fischer
erschienen im Rake Verlag 2001
ISBN 3-931476-60-X

Das große Lexikon
der kleinen
Missgeschicke
aus Presse, Funk & Fernsehen

DAS LEXIKON FÜR SPÖTTER UND LEIDENDE!

Der Fachjournalist Bernd Ellermann hat aus internationalen Presse- und Agenturmeldungen, aus Versicherungsfällen und Polizeiberichten die absurdesten und kuriosesten Artikel zusammengestellt. Herausgekommen ist das wahrlich unterhaltsamste Lexikon auf dem heutigen Buchmarkt für diejenigen, denen beim Lesen vor Lachen die Tränen kommen, die ungläubig den Kopf schütteln oder einfach feststellen, wie unperfekt und kurios das Leben sein kann.

Pressemeldungen von Leichen und Lebenden, dümmsten Ganoven, Pannen rund ums Auto, grotesken Schadensersatzansprüchen, Neuem von der Sexfront und Reiseerlebnissen der anderen Art hat Bernd Ellermann für Sie zusammengetragen und niedergeschrieben. Dieses Lexikon hält uns wörtlich vor Augen, dass es ja noch schlimmer hätte kommen können! Ein Buch für Leidende und Spötter!

Herausgegeben von

Bernd Ellermann

Mit Illustrationen von

Andreas Poloczek

Rake Verlag, ISBN 3-931476-55-3